# Histoires En Rime

*Poèmes Pour: Inspirer, Provoquer, Eveiller*

*Alavida*
*Traduction: Brian Simard*

Copyright © 2023 *Alavida*
*Alavida Publishing*

Tous les droits sont réservés. Aucune partie de ce livre ne peut être reproduite, stockée dans un système de récupération ou transmise sous quelque forme que ce soit ou par quelque moyen que ce soit - électronique, mécanique, photocopie, enregistrement, numérisation ou autre, avec l'autorisation écrite préalable de l'auteur ou de l'éditeur.

Pour toute question ou demande, veuillez contacter l'auteur à
email: alavidacreative@gmail.com ou alavidacreative.com

**ISBN: 978-1-959602-22-4**

*Ce livre est dédié aux peuples du monde*

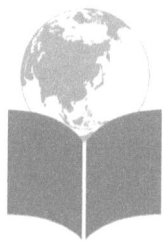

## SOMMAIRE

1. Quand jesuis avec toi !..................................1
2. L'Infini l'Éternel maintenant....................2
3. Né du mauvais côté de la route................4
4. Tu Es L'Élu !................................................6
5. Laisse ton âme s'exprimer.........................8
6. Des Pas me guident vers la mer.............10
7. Le Battant...................................................11
8. La Coupe de vie........................................13
9. Urbains Mystiques....................................15
10. Je veux partir là.......................................16
11. La Danse..................................................20
12. Inspiration................................................21
13. Double Exposition..................................25
14. Sarcasme Extrême du Monde Moderne.........27
15. Imagine....................................................29
16. Laisse-toi Guider....................................31
17. Le Voyage de la Vie................................33
18. Le Long Voyage......................................35
19. Le Chemin Délaissé................................38
20. Nature et Mystère...................................40
21. Épiphanies d'Amour et Rêves...............42
22. Né Plein et Complet................................44
23. Tu Dois Voyager !...................................47
24. Poésie Mystique......................................49
25. Cherche Plus Loin pour Trouver............52
26. Divagations sur la Politique et la Vie Moderne....54
27. Quand elle danse.....................................56
28. Homo Sapiens..........................................57
29. Deux ou Trois Choses de ma Vie..........58
30. Sois Bon...................................................61

31. Ton Lieu de Silence............62
32. Ode à Gaïa............64
33. Conscience Quantique............65
34. Salut, Voyageur............69
35. Madame X............71
36. Attends l'Inattendu............72
37. Que te dis-tu ?............76
38. Fracasse l'Illusion et Brise-la !............80
39. Deviens Entrepreneur............82
40. Un Monde Fictif............86
41. Le Dilemme du Rappeur............89
42. Où Soufflent les Vents Sauvages............91
43. Cœurs en Harmonie............94
44. Le Langage du Cœur............96
45. L'Expérience............97
46. Chemin de Vie............98
47. Nés Dans Ce Monde............101
48. Ça Vient du Cœur............102
49. Les Tambours de la Révolution............103
50. La Muse............105
51. Dis-moi, Je Veux Être Heureux............106
52. Je me demande............108
53. Histoire d'Amour............109
54. De Grâce, Fais Taire Toutes les Guerres ?............111
55. Spirituel............112
56. Hommage à l'Abeille............119
57. Tout Dépend de Toi !............120
58. Si Beaux............121
59. La Flèche de Cupidon............122
60. Indiscrétions............123

# 1. Quand je suis avec toi !

J'aime tant danser avec toi dans les profondes heures de la nuit,
Quand nulle lueur ne trouble notre feu qui luit.
Comme l'eau qui s'écoule, ensemble nous bougeons en cadence,
Nous ne semblons qu'énergie pure, et plus rien n'a d'importance !
Ce temps que nous passons ensemble, à savourer ce monde luxuriant,
Dans les chutes d'eaux baisers innocents, trempés sous l'arc-en-ciel comme l'or scintillant…
Ensemble des enfers allés et venus, bien des revers nous firent face,
Nombre de nos ombres sombres vaincre il nous a fallu, et des plus coriaces…
Nous subirons vents et marées, pluie et tempête,
Avec toi c'est le paradis, bien au chaud blottis sous la couette.
Ces images, ces couleurs et émotions partagées,
Les aventures que l'on vit, et tous ces obstacles déjoués…
Temps et espace fondent, comme fond la glace puis la rosée du matin choit,
La vie est tellement plus riche et belle — quand je suis avec toi !

## 2. L'Infini l'Éternel maintenant

Comme serein, sublime et merveilleux, est le silence des bourgeons,
Comme le cœur de joie tressaille, comme l'âme chante et fait des bonds !
Les colibris picorent les belles fleurs ; et s'élevant, battent des ailes, les papillons,
Comme l'eau des sources pristines dans l'aurore scintille ; reflets d'images mouvantes, rayons...

Ceux du soleil jouent à cache-cache à travers le branchage épais,
Des canetons pourchassent leur mère, qui les escorte nageant dans l'eau : pari risqué !
Des lucioles dansent au clair de lune, créant mystère et intrigue ; elles semblent élèves
Des puissantes couleurs de l'Aurore Boréale, dans un drame théâtral : comme en rêve.

La nature est si subtile, douce inflexible, son énergie toujours fluctuante,
Dans l'ombre de la nuit, des yeux luisants dans le lointain qui t'observent, pupilles brillantes...
Tant d'opulence, d'abondance, de variété, pourtant les choses comme de nulle part paraissent pousser !
La conscience de l'eau qui s'écoule, et l'éclat des cristaux que dans la neige elle crée.

La sagesse intérieure de la contemplation muette, connectée au vivant et à l'humanité,

C'est elle qui ouvre en grand les cœurs et apaise les esprits embrouillés !
Une conscience attentive surgie du silence qui, chuchottant à l'oreille, bien clairement,
Convoque les archétypes primordiaux du guerrier, du chamane, du chercheur, du voyant...

Ce puzzle aux pièces manquantes qu'on appelle vie, qu'est-ce que cela signifie ?
Vivre sa vie dans un présent perpétuel, couper le cordon ombilical des plis.
Le vaste macrocosme de l'univers est reflété dans le microcosme d'une simple molécule,
Qui existe dans tous les vivants : de l'amibe monocellulaire à l'éléphant, aux navicules...

La nature opère à ce moment précis — l'Infini l'Éternel maintenant !
L'appel mystique de la jungle — Miracle et magie me font murmurer :
« Géant ! »

## 3. Né du mauvais côté de la route

Né pauvre, dans les quartiers miteux, les taudis ; du mauvais côté de la route,
La hache oublie toujours l'arbre abattu, mais le bois jamais ne pardonne sa coupe.
Le temps aidant il perdit ses illusions, et ne distinguait plus ni forêt ni feuillages,
Il devint souris courant dans un dédale — et au bout duquel aucun fromage…
Comme il arrive toujours dans ces cas-là, ses jours d'enfance furent traumatisés,
Croissance freinée, fast-food, alcoolisme, drogues, violence et famille brisée.
Il tenait à briser les barrières : d'abord la fac, les petits boulots, un énorme prêt étudiant,
Les cours à temps plein, trois jobs à temps partiel, il n'avait qu'à leur montrer son iPhone rutilant,
Les arbres flexibles qui s'abaissent, sont ceux qui survivent aux fléaux,
Et les oiseaux qui se lèvent tôt, récoltent tous les asticots.
Il vivait dans son propre piège conceptuel — il s'était construit un bagne,
Pour s'en libérer il s'engagea à sortir, et la clé n'attendait que sa poigne…
Les brebis terrifiées par le loup — méprisent et négligent leur berger,
C'est le berger qui, derrière les manettes, tel un léopard masque son pouvoir, caché.
À la croisée des chemins — il prit une route moins empruntée,

Créant sa propre économie il réussit ; parfois sa vie pleine de surprises le laissa décontenancé.

Les opportunités se bousculèrent, assez pour un homme ouvert, plein de sagesse,

Qui sait encaisser les coups, accueille l'adversité, va de l'avant : tombe cent fois et se redresse !

## 4. Tu es l'élu !

Que l'amour soit ta lumière, l'étoile polaire qui te guide vers ta propre terre promise,
Que l'intuition te guide dans les jungles folles ou les déserts de sable arides...
Que la compassion soit ta raison, qu'elle t'encourage tendrement et te laisse être gentil,
Méfie-toi de l'égo, la nuit noire de l'âme ; cesse d'être rabaissé par les forces de l'esprit !

Laisse ton cœur s'ouvrir, libère tes émotions et laisse l'imagination te guider dans la vie,
Laisse transparaître ce que tu es vraiment ; minimise distractions et piètres conflits.
Veille à bien choisir ton environnement, et les gens qui peuplent ton entourage aussi,
Fais que ton quotidien soit dénué de pagaille, sois sélectif, refuse, empêche les autres de faire un enfer de ta vie !

Dissipe tes illusions : agir et travailler sans cesse, et vivre une vie tournée vers le lendemain,
Cesse d'être perfectionniste, esclave d'ambitieux résultats générant souffrance et chagrin.
Inspire profondément, recentre-toi, sois présent, sois content que la vie t'ait loti d'un sort si doux.
Prend la pilule rouge, quitte la Matrice pour le terrier du lapin et cesse d'être une souris cavalant dans sa roue...

Cesse de penser qu'il viendra te sauver, celui que tu attends depuis toujours : cette personne, c'est Toi !
Rassemble tes forces, ton pouvoir intérieur, regarde dans la glace : Tu es l'élu, le moment est là.
Les lendemains qui ne chantent jamais, la procrastination, l'auto-sabotage ne sont que peurs déguisées,
La peur, ce mensonge à toi-même qui te maintient dans ta zone de confort, comme détenue dans une geôle factice : le vice parfait !

Quand la vie te joue des tours, te plonge dans l'amertume, dans l'oubli de ton vrai toi et dans le désarroi,
Rends ta vie plus belle : chante, danse, déploie tes dons et laisse le monde les partager avec toi.
Autorise-toi à faire des erreurs, laisse la lumière en toi transparaître et briller.
Donne-toi la paix, le silence, la contemplation, la sagesse collective ancestrale ; reste dans le flot, connecté.

La vie s'évanouit en un battement de cil, à l'échelle de notre grand drame cosmique c'est une fraction de seconde dans le temps et l'espace,
Vis ta vie à fond, partage amour et passions avec le monde : vis avec compassion, joie, gratitude et grâce...

## 5. Laisse ton âme s'exprimer

Ta vie ressemble à un tour de montagnes russes, qui t'a rendu symboliquement malade,
En quête de matérialisme dans ce monde 3D comme un fantôme affamé, tes perspectives de vie te semblent-elles maussades ?
En tant que victime du conditionnement social, un réactionnaire, tu subis sa vie ; prend conscience de cette futilité — cesse de chercher !
Dans une profonde contemplation, silence et méditation, uni avec la Création : laisse ton âme s'exprimer...
Le sage oriental dit : « vis dans l'abandon » et ne fais qu'un avec le flot de vie,
Ne résiste pas, ne juge pas, ne t'attache pas ; des puissances cachées te soutiennent, te nourrissent — tu en sors grandi...
Quand tu médites profondément, tu réalises que dans le calme réside la plus grande valeur,
L'univers fractal entier peut être senti dans la beauté éthérée d'une fleur.
Quand la conscience est parfaitement immobile, l'illusion sera comprise,
Car c'est la conscience elle-même qui produit cette illusion, exquise !
Un monde d'énergie entrant et sortant de notre réalité : c'est notre conclusion,
La conscience pure elle-même est l'agent de toute cette illusion !
Tu ressens comme une fragmentation, une sorte d'abysse, au fond d'un grand fossé,

Ta vie est déséquilibrée, ses parties déconnectées ; veux-tu vivre une vie pleine et comblée ?
Souffrant souvent de blessures passées, tu sens une division au fond de ton âme,
Tu n'es pas connecté, ne fais pas attention, ignores cette âme qui te réclame.
Si tu n'aimes pas où tu es, tu n'es pas un arbre : pars loin de là !
Ta vie est un peu comme une chambre d'écho, qui reflète tes habitudes, tout ce en quoi tu crois.
Tu peux faire du temps un allié, sinon il pourrait devenir ton ennemi,
En un clin d'œil, tu te demanderas : mais où tout ce temps est parti ?
La vie passe, et elle se manifeste dans le moindre instant présent, dans un petit bébé qui pleure, dans un adulte stressé, ou une vieille âme à bout,
Tout se produit immédiatement, au même instant, maintenant—comme un rêve parcourant le tout.

## 6. Des pas me guident vers la mer

Des pas dans le sable doux, me guident vers la plage,
Je lutte et m'efforce d'atteindre une dune, parfois loin du rivage,
Je marche sur la plage, m'imagine au-delà de l'espace, du temps,
J'ai tant de chance de vivre au bord de l'océan, ce lieu éminent...

Je deviens alors créatif, panse mes plaies affectives, tue douleur et souffrance,
Désorienté, mes efforts pour grandir semblent sans conséquence.
Après une longue marche, je retourne chez moi et retire la clé,
J'entre, me détends, j'écoute de la musique, mange du chocolat ou des bananes : comme un singe cinglé...

J'aime le soleil, le climat chaud, le frais et salé air marin,
Le repos, lire, écrire, peindre, le yoga, jouer avec Shakti, le chien du voisin.
Je me balade et admire la nature majestueuse, le doux contact d'une fleur naissante,
Conscient et attentif à la beauté, au flux et reflux, aux forces puissantes !

Je l'écoute, la sens, la touche, la vois, je la sens dans mon cœur : l'énergie éternelle, première.
Je marche sur la plage, ce n'est qu'en cet instant qu'en moi je sens la Lumière,
Des empreintes fraiches me guident vers la mer...

## 7. Le Battant

Il dut devenir un battant, plongé de force dans le crime,
Et sans argent dans les poches, il ramassait le moindre centime.
Il aimait la parole : hip-hop, et savait trouver la bonne rime,
Les flics du coin, ces pourris, le trainaient souvent dans l'abime.
Ses ancêtres menés vers le Nouveau Monde—malgré eux enchaînés,
Des générations vivant dans d'atroces conditions et souffrant d'insoutenables plaies !
Et cela les maintenait sous le voile des illusions, génération après génération,
Broyés sous le « pouce de l'Homme » vivant dans l'adversité, l'ignorance, la confusion.
Tout ce qu'il demandait à la société : une chance, sur un pied d'égalité,
Le sort dont il a hérité ? Bouc émissaire, trauma et culpabilité.
Ses options ? Le show-business, le sport ou simplement lutter,
Ne tutoient les sommets et la vie de château, qu'une poignée de privilégiés.
C'est ridicule d'être jugé pour un surplus de mélanine !
Ce n'est pas sa couleur de peau, il réalisa—mais ce qu'il a de plus intime.
Il dût rebondir, s'écraser, il fut relégué, piétiné, mais ne lâcha quedalle !
Il eut le courage de faire face, avec sa résilience et un esprit génial !
Il vit qu'il allait saboter ses chances, bien des fois il procrastinait,
Il nota que pour les choses qui lui importaient, souvent il paressait !
Il endura dans sa vie, ce qu'il pouvait supporter,
Il n'avait pas de vision pour sa vie ; en lui il ne croyait jamais !

Il pensait être un type normal, un mec comme on en voit partout,
Son maître à penser de la gratitude lui dit tout.
Il apprit: ceux qui vivent dans une maison de verre ne doivent pas se jeter des pierres,
Quels vilains vices que d'accuser, d'humilier, et de médire ses pairs !
La douleur, la souffrance endurées, il ne l'a ni nié ni caché,
Et toutes ces failles de l'âme, il voulut les embrasser, les révéler.
S'acceptant pleinement tel qu'il est, doucement ses traumas ont été pansés.
Ses choix, aussi sa destinée venaient d'un lieu immuable et muet, et de sa sensibilité.
Vivre ses rêves est une sagesse, un processus de conscience avancée,
Une connaissance certaine avant de voir le rêve devenir réalité.
Sachant se battre dos au mur, sans jamais admettre la défaite,
Quand les chances étaient contre lui, il ne battait pas en retraite !
Il s'entraina des siècles pour être fort, mais la réussite extérieure était son nouveau rêve d'accomplissement.
Il devait se réveiller—et l'a fait ! il attint la pleine conscience, la paix intérieure et l'épanouissement !

## 8. La Coupe de Vie

Laisse la coupe de vie remplie et débordante,
Laisse ton âme voletante, ta compassion croissante.
Dans la vie soit tu sors et joues le jeu,
Soit tu restes dans ta zone de confort, comme tu veux !
La magie de la vie est hors de ta zone de confort,
La magie de la vie n'est pas dans cette zone, mais à l'extérieur,
Tu affrontes la peur, tu embrasses la peur, tu domptes la peur !
N'aie pas peur de tomber, crains de ne pas essayer,
La force et le pouvoir reposent en toi, et ça tu ne peux le nier !
Quand tu vis ta vie avec un but, une intention,
Quand tu es doucement attiré, dans une vision par extension,
Tu verras la vie comme personne ne le peut, elle semblera contradiction.
Tu vois ta vie devenir plus douce, avec moins de complications,
La grande vie commence ; tes petits soucis, tes problèmes sont en voie d'extinction.
Ce que nous attirons dépend de notre vibration d'énergie émotionnelle,
Ce qu'on voit hors de nous n'est que la projection de nos réflexions personnelles.
La force de la langue conditionne et modèle notre vision,
Nous supposons à tort que c'est la réalité que nous observons.
La vérité recherchée est au fond ineffable,
Elle est fille du silence de nos mondes insondables...
Aligne-toi, uni avec la vérité vibrante diffusée ici-bas,
Le message est subtil: comme l'intelligence innée secoue les feuilles de l'arbre, peux-tu entendre ça ?

Que la peur vaine et les drames extérieurs ne guident pas ta vie,
Tout est toujours déjà là, l'ego hait le changement et veut l'arrêter : agis !
Quand le vent te murmure à l'oreille, comme si la création t'invitait à sa suite,
Si tu veux trouver ton chemin, ton égo ton orgueil doivent prendre la fuite !
Le bonheur est un état d'esprit, un état d'Être complet,
Sans rapport avec les éloges, les trophées et les succès.
Tu dois dire oui plus souvent à l'intuition viscérale, à ton cœur, à ton âme,
Autrement, tu seras empêché, et tu ne rempliras jamais ton programme !
Le désespoir t'emprisonnera — la vie laissera des traces,
Vois les choses en grand et suis tous tes caprices — fais donc preuve d'audace !
Allume ta lumière, crois-moi, car plus ta lumière briller tu laisseras,
Plus fort et plus intense la mienne rayonnera.

## 9. Urbains Mystiques

La caisse c'était une Cadillac—un modèle classique,
La peinture était brillante—métallique,
La musique hurlait, assourdissante —psychédélique !
Le mec dans la caisse, bien sapé—narcissique,
La mine de son visage robotique-cynique,
Synapses dissociées éclatant—chaotiques—orgasmique !
Réseaux sociaux et selfies, il voulait être beau—fantastique,
Jeunes accros aux apparences—et au shopping—matérialistes.
Carnivores obèses qui dévorent un steak saignant— survivaliste !
La musique était cool, harmonique—jolie—rythmique,
Les paroles étaient pleines d'injures—misanthropiques,
Gangsters amateurs—chaînes en or, grosses bagnoles—ils jouent les urbains mystiques !
Jeunes têtes brûlées qui foncent sur l'autoroute—conduite—ballistique !
Ses tatouages souvenirs de prison, loin sous la peau—masochiste,
Dissonance cognitive des plus chaotiques—psychotique !
Yogistes qui prennent la pose et transpirent, et se la jouent holistique,
Comiques de stand-up, très drôles—sarcastiques,
Trublions dans la foule et commentaires obscènes—sadiques !
Vécu en banlieue de la ville, maison de campagne—très rustique,
Près d'une autoroute très bruyante—acoustique.
Graffiti le long des murs de l'autoroute—très artistique,
Les monuments du centre-ville—emblématiques—dithyrambiques,
La ville se fait passer pour idyllique—utopique...

## 10. Je veux partir là...

Je veux partir là où j'observerai le beau ciel nocturne étoilé
Je veux partir là où la Voie Lactée semble des diamants flottants—allumés
Je veux partir là où je comprendrai les vastes distances, l'intelligence, la puissance
Je veux partir là où je m'assoirai en silence, laissant la distraction pour la connaissance
Je veux partir là où je me lèverai au point du jour brûlant
Je veux partir là où je me baignerai dans la splendeur du soleil levant
Je veux partir là où le soleil chauffe les peaux, elles deviennent comme du bronze et rayonnent
Je veux partir là où les gens courent au parc, et leurs chiens gaiement tourbillonnent
Je veux partir là où les vagues battent les rochers sur la plage, déferlantes
Je veux partir là où l'écume crève les dernières bulles de de la marée, belle et lente
Je veux partir là où les volcans remplissent des flaques de lave en éructant
Je veux partir là où les séismes fendent la terre et je regarde dedans
Je veux partir là où gisent des forêts de géants, d'arbres vieux de mille ans, pourtant toujours croissants
Je veux partir là où les bras je pourrai grand ouvrir et les arbres enlacer
Je veux partir là où mon souffle fait de petits nuages qui se mettent à geler

Je veux partir là où le ciel est bleu-turquoise, la nature fascinante
Je veux partir là où les monts se dressent encore et m'enchantent
Je veux partir là où les saisons changent, là où les plantes séduisent insectes et abeilles: là où éclosent les fleurs
Je veux partir là où les fleurs répandent leurs parfums et sèment leurs odeurs
Je veux partir là où les paons déploient leurs panaches de plumes
Je veux partir là où le soleil console les hommes de leur amertume
Je veux partir au Pôle Sud voir les pingouins qui se laissent glisser
Je veux partir là où les oies se posent sur les lacs pour y doucement planer
Je veux partir là où la lumière du désert est intense, jaune, ocre et brune à la vue
Je veux partir là où le jour est chaud, la nuit fraîche, là où le vent rend les villes lisses et nues
Je veux partir là où les bêtes heureuses batifolent sous le soleil d'été
Je veux partir là où les bébés jettent leurs biberons, repus et satisfaits
Je veux partir où c'est tentant, là où résonnent les rires d'enfants : ils s'amusent et jouent à leurs jeux
Je veux partir là où sont les jardins communautaires, lopins qui sortent de terre peu à peu
Je veux partir là où je mangerai essentiellement bio, un régime riche et sain,
Je veux partir là où la médecine ne fait pas que traiter les symptômes, là je paniquerai moins
Je veux partir là où les adolescents sont polis, respectueux et cool

Je veux partir où l'on adopte une approche holistique de l'éducation et de l'école

Je veux partir là où les adolescents assis sous un arbre échangent leur premier baiser

Je veux partir là où les grand-parents sont honorés, leur absence déplorée

Je veux partir là où l'éducation est respectée, sans classement des élèves ni standardisation

Je veux partir là où les hommes vivent vraiment libres, là où la liberté n'est pas un sous-produit de l'incarcération

Je veux partir là où mon travail est respecté et bien payé

Je veux partir là où la vie est douce et où il est facile de fonder un foyer

Je veux partir là où je ne serai pas jugé par mon code postal, mon job ou ma couleur

Je veux partir là où j'existerai selon le mérite, là où tous ont une chance d'être vainqueur

Je veux partir là où je vivrai de vérité, au lieu de lacunes culturelles, où je déciderai

Je veux partir là où je pourrai choisir ma vie, réfléchir, me reconnecter

Je veux partir là où les gratte-ciels, les autoroutes et les centres commerciaux sont rares

Je veux partir là où les jungles vertes grouillent d'oiseaux sauvages et d'animaux bizarres

Je veux partir là où les gens pique-niquent, leurs tables garnies de pain, de fruits et de boisson

Je veux partir là où les villes recyclent leur plastique, ramassent leurs ordures, une ville qui sent bon

Je veux partir là où l'on vit en famille élargie avec ses proches parents
Je veux partir là où les brutes sont réinsérées, dissuadées d'être méchants
Je veux partir là où les cauchemars ne sont que tabous et mirages
Je veux partir là où les ombres psychiques sont reconnues, et s'évaporent de l'âme comme des nuages
Je veux partir vivre au milieu du Pacifique, sur une île déserte, isolée
Je veux partir là où je pourrai me gaver de chocolat et de framboises—dégénéré
Je veux partir là où mon corps pourra bouger, jusqu'à minuit remuant, dansant
Je veux partir là où je pourrai jouer à tout âge, et me battre dans les airs avec mon cerf-volant
Je veux partir là où je sentirai la connexion, l'unicité de la nature en moi
Je veux partir là où tout est clarté, beauté, abondance que je sens, que je vois
Je veux partir là où vivre est magique, et la joie le réel de ma vie
Je veux partir là où, observant le ciel la nuit, je verrai les étoiles s'étendre à l'infini...

## 11. La Danse

Robe noire, lèvres rouges et talons hauts,
Mouvements étranges, musique enivrante, rythme et flow.
Les étoiles brillent, la piste est chaude et enflammée,
Oui, quelle douce magie de danser et de se trémousser...

Danse tyrannique, mais calme et apaisée,
Spectre entremêlé de bonheur embrouillé.
Sergent instructeur, appelle-moi comme ça,
Face à face, cœur à cœur — le Tango montre la voie !

Uns avec la musique, les rythmes en sont les vagues,
Le temps s'arrête, la lune sourit, la chouette curieuse regarde...
Nos pieds bougent de gauche à droite, en haut, en bas, ensemble et sans conflit,
Nous dansons pleinement immergés dans le flot cosmique—et la nuit est finie !

## 12. Inspiration

Il existe un plan, un code secret dans l'histoire de ta vie,
Quand tu déchiffres le code, une porte magique s'ouvre et te mène à la gloire petit à petit.
Trouve une vision pour ta vie et fais-en ton obsession,
Ton magnétisme rayonnera dans le monde, les gens te donneront toute leur attention.
Connecte-toi à ta propre vision, ta propre radio, ta station,
Déconnecté, tu vagabonderais, ta vie remplie de frustration.
Dans le désert urbain tu chasserais des fantômes, sans recevoir la moindre compensation,
La vie te mettrait à l'épreuve, elle te placerait sans cesse en confrontation.
Tu maîtriseras les bonnes manières et les lois de l'attraction,
Tu feras ton trou dans l'univers, et le réel pliera à tes convictions.
Le monde veut la meilleure version de toi-même, il te veut fort et malin,
Mais ce que ton environnement t'as renvoyé enfant ? Tu n'es qu'un bon à rien !
Accepte tes imperfections, la nuit noire de l'âme—tout est parfait,
Prends-en conscience maintenant, ou tu vieilliras, toujours rejeté.
Dresse-toi, fais connaître tes principes, trouve une cause pour laquelle t'engager,
Si tu ne défends pas tes valeurs personnelles, ta morale, tes principes, tu te feras berner.
Toutes les réponses sont en toi ; la qualité des questions fera la différence,

Autrement, tu subiras l'influence des autres hommes, des circonstances et de la contingence.

Ta carte mentale est la formule inconsciente à suivre pour voir tes rêves se réaliser,

Tu seras et feras tout pour atteindre le trésor aperçu, même commettre crimes et péchés.

Lourdes seront les conséquences de cette quête inhérente de succès,

Beaucoup n'atteindront pas leurs objectifs et tomberont sur le bas-côté, sans voir la ligne d'arrivée.

Leurs cartes mentales et formules de réussite furent implantées dans un lointain passé, même pas le leur,

Tôt programmés par leurs parents, hypnose culturelle, environnement, manipulation, peurs et frayeurs.

L'échec sera ressenti plus dûrement, que la satisfaction quand tu vaincras,

Demande-toi ce qui t'illumine, suis et demeure sur cette voie,

Elle te stimulera à long terme, te nourrira, te soutiendra.

Réfléchis, quelle est cette chose qui te fait vibrer ?

Poursuis-là de tout ton cœur, pars en voyage, plonge en apnée,

Les gens qui écoutent cette passion qui les rend heureux, ceux-là n'ont pas besoin de trimer.

L'inconscient est comme un enfant de cinq ans, dotés d'immenses pouvoirs : un serviteur aux petits soins,

Souvent il prit le rôle du maître, un égocentrique sous stéroïdes ; plus grands, plus forts, meilleurs sont ses besoins.

Quand un fou prend le contrôle de l'asile, le résultat est toujours navrant,

Les rôles basculent et s'inversent complètement : le serviteur est le maître maintenant!
La direction, le chemin pris inconsciemment, te conduira à l'échec, c'est sûr,
Le cercle vicieux du sabotage te confinera entre quatre murs.
L'environnement qui t'entoure déterminera ton niveau d'énergie positive activée,
Ton Âme doit être libérée et déchaînée, c'est ça la clé !
Ce sont les gens dont tu t'entoures, cette compagnie à préserver,
Tout en haut de l'échelle, tu seras plein de rires et de joie, ou bien rempli d'un stress qui te fera pleurer.
Ton inconscient a l'amour-propre pour baromètre, il ajuste sans cesse ton estime de toi,
Essaye de dépasser ton amour-propre : le baromètre s'adapte, il se révoltera.
Conscient du potentiel à réaliser, si tu n'en es pas encore là, ça va : tu n'y es pour rien.
L'hypnose des cultures, le conditionnement du passé, l'éducation et l'environnement reprendront la main.
La vie est un jeu de cartes, ressources, pouvoir et opportunité en sont les atouts,
À l'autre bout du spectre, tu seras déséquilibré, stressé : la vie te mettra à genoux.
La vie n'agit pas sur toi ; elle agit par toi—comme toi—et ton destin unique doit être activé,
Prends-en conscience, ou tu vivras comme une victime honteuse, souffrante, coupable et vaine : tu seras évincé.

Tu n'attires et n'obtiens pas ce que tu veux ; tu attires et obtiens qui tu es !

Si tu lis ça, tu comprendras, et c'est pourquoi tu as tant progressé...

## 13. Double Exposition

Je monte et monte, mais je me sens toujours tomber
Je cours et cours, à mon appel je ne saurais échapper
J'écris et j'écris, c'est dans le cœur que se trouve ma gaieté
Je peins et peins, la créativité paraît conjoindre et lier
Je bosse et bosse, mais semble me salir en dérapant
J'y passe des heures et des heures, mais ce n'est qu'une perte de temps
Je mate et mate les infos, mais tout n'est que négativité
Je bois et bois, et l'alcool détourne l'esprit de la réalité
Je chante et chante, et le rhythm-and-blues peut résonner
Je danse et danse et mon corps se balance, comme désarticulé
Je hurle et hurle, mais personne n'entend ma voix
J'essaye et réessaye, mais semble toujours faire le mauvais choix
Je pousse et pousse, mais même l'effort semble impossible
Je tire et tire, rien ne prouve que j'approche de ma cible
Je prévois et prévois, mais le futur n'est que vaine bataille
Je vois et vois par la fenêtre, les hommes traités comme du bétail
Je suis et poursuis tout ce qui brille, ça s'est avéré vain
Je joue et rejoue, c'est un jeu de dupes que j'ai joué ; sonna le tocsin
Je tourne et tourne en rond, ma tête accouche d'hallucinations
Je me centre et me concentre, mon corps retrouve son acclimation
Je mange et mange, mais le vide émotif ne cesse de m'aspirer
J'achète et rachète, mais le matérialisme est le pire des marchés
Je vis et revis, et la vie pompe toute la sève de ma créativité
J'apprends et apprends, mais j'ignore la science, même la relativité

Je siffle et siffle, comme la vie est douce sous les charmes de l'enfance
Je souhaite et souhaite, la vie devient magie dans la reconnaissance
Je lis et relis, et les bonnes idées lentement me viennent à l'esprit
J'aime et j'aime, et la passion est le suc du cœur le plus gentil.

## 14. Sarcasme Extrême du Monde Moderne

Une famine morale frappe ce pays d'abondance, les âmes affamées font la loi, rôdant dans le noir.
Le peuple, la tête dans le sable, à la recherche d'objets clinquants, divertissement, distractions : ils regardent les clowns et le gros pleurnichard !

Les enfants sont géniaux, si j'en crois le sens commun, mais tout s'effondre à la rentrée des classes,
Conditionnement culturel, croyances viciées, routine, programmation ; adultes, ils se noieront dans leur propre crasse !

Vivre dans un monde divisé, un spectre d'extrêmes antagoniques, bon ou mauvais, gagnant ou perdant : que des conneries !
Le monde est toujours aussi bon : amour, compassion, unité, changement par la transformation ; c'est le meilleur outil.

Les tyrans règnent par les pirouettes, la pompe et le spectacle, réflexe et réaction,
Les voleurs n'ont pas d'honneur, les riches et les ambitieux pillent la nation.
Les médias optent pour l'absurde et le superficiel, du sensationnel qui nous égare,
La dernière info sanglante fait la une et aussitôt s'évapore...

Payer des taxes élevées pour les forces armées, nourrit leur sacrifice et leur abnégation,

Minorités, immigrés, personnes âgées, femmes et enfants sont diabolisés : dans ce pays ils longent les murs, avec précaution.

Aucune civilisation jamais ne fut conquise d'ailleurs, elles sombrent sous l'ignorance et la violence,
Sous leur propre décadence interne et leur intolérance !

Une famine morale frappe ce pays d'abondance, les âmes affamées font la loi, rôdant dans le noir.
Le peuple, la tête dans le sable, à la recherche d'objets clinquants, divertissement, distractions : ils regardent les clowns et le gros pleurnichard !

## 15. Imagine

Imagine observer la Voie Lactée la nuit, elle est si belle et si magique
Imagine le soleil caresser ta peau, une sensation magnifique
Imagine le contact de l'eau, si fraîche et si désaltérante
Imagine la terre enfanter cette vie si abondante
Imagine les nuits blanches qu'endure la jeune mère, reconnaissante
Imagine le lait maternel, tellement généreux, tellement nourrissant
Imagine la nuit du nouveau-né qui dort d'un sommeil apaisant
Imagine le vieil homme qui peine à marcher, il est tellement gracieux
Imagine l'accueil du maître par son cabot tout baveux
Imagine la fleur dans la nature qui s'ouvre, elle est si joyeuse
Imagine la mer puissante, elle est si vaste et si vigoureuse
Imagine l'air qu'on respire, il est si miséricordieux
Imagine la rupture d'avec l'être-aîmé, c'est tellement douloureux
Imagine le garçon qui court après sa balle, il est si guilleret
Imagine l'oiseau qui nourrit d'insectes son petit, une grande becquée
Imagine nos actes irréfléchis, leurs conséquences sont si malsaines
Imagine le mouton qu'on maintient, qui souffre qu'on tonde sa laine
Imagine le soldat au champ de bataille qui demeure exemplaire
Imagine les élèves qui subissent la torture de l'école primaire
Imagine le bébé né dans l'onde, qui nage comme un poisson dans l'eau
Imagine l'amertume du vaincu de l'arène, le matador ou le taureau ?
Imagine le taureau perçant le matador, la vengeance à l'esprit
Imagine le millennial et son smartphone, il fait des merveilles de cet outil
Imagine ton coup de foudre débarquer à l'improviste, tu perds tes moyens et tu gaffes

Imagine l'adolescent amoureux rentrant d'un rencard à pas feutrés, il fait gaffe

Imagine le chirurgien après dix heures d'opération apprenant sa réussite

Imagine observer la Voie Lactée la nuit, elle est si belle et si magique…

## 16. Laisse-toi Guider

Détends-toi, relâche-toi, abandonne-toi aux vagues de l'océan,
Laisse la houle te soulever et t'emporter d'un simple mouvement.
Détends-toi, relâche-toi, abandonne-toi, débranche, ouvre les vannes de l'émotion,
Libère la simplicité, la beauté pure, la magie, dans toute sa sublime dévotion.

Un miroir est situé hors de toi, mais ce qu'il reflète, c'est l'intériorité,
Comme l'océan puissant, que soulève et opprime la marée.
La vérité n'est pas de ce monde, seule existe ta partiale perception,
Plus tu réclames d'explication, plus profonde doit être ton introspection.

Crois-tu prendre la vie en aval, ou vas-tu à contre-courant ?
Tout dépend de ta philosophie, de tes idées, croyances et comportements.
Un silence entre tes pensées, la Présence à l'instant présent est la solution,
Va au-delà des cinq sens, de la matière, concentre-toi sur l'énergie et la vibration.

Aux masses là-dehors tu parais bizarre ou délirant,
Vivre à l'encontre de la société te fait passer pour un hippie, un fainéant.
Tes amis, ta famille, même les étrangers te disent de faire attention,
« Je ferais comme ça, si j'étais toi » disent-ils avec émotion.

Les médias manipulateurs t'influenceront,
Et ta vie prendra le visage de l'exagération.
Beaucoup d'hommes en ce monde sont accros aux tourments, aux distractions, chaos et agitation,
Ils vont et viennent dans ta vie, et leur rôle est la confrontation.

Les pensées de l'esprit tiennent captif, nous infestent comme des parasites,
Ils s'accumuleront, se condenseront, et la frustration conduira au refoulement psychique !
La vie est éprouvante, tu sais... Prends donc ta vie en main, et c'est parti,
Apprends et pratique tous les jours, plonge au fond de toi-même et grandis...

Le labeur paie—tu seras la meilleure version de toi-même, et en sera instruit,
Fais de ton mieux, donne le meilleur—reste dans le flux de la vie.
Quelque chose en toi fait battre ton cœur et t'inspire—inexplicable—comme un élixir prodigieux,
Au fond, en fait, tu sembles désarmé mais en réalité : tu es l'océan vigoureux...

Lentement tu trouveras ton propre chemin, unique, conscient d'être guidé,
C'est comme si l'objet de ton désir te désirait aussi ; comme si ce que tu cherches avec force et stupeur, à son tour te cherchait.

## 17. Le Voyage de la Vie

C'est toi le héros aux mille et un visages, en voyage,
C'est toi le héros qui veut pérégriner, découvrir mille rivages.
Prends le taureau par les cornes, réveille ton courage, héros,
L'homme ordinaire — mort à vingt ans, enterré à soixante-dix —
n'emporte rien au tombeau !

La vie sourit aux audacieux, aux créatifs, aux originaux, étranges et fous,
Le surmené, l'hyperactif, celui qui perd ses lunettes : pour qui la vie est floue.
Debout ! Réveille-toi, hume les roses,
Sors de ton lit, va prendre l'air, étend ton tapis et prend la pose.

Commence ta journée sourire aux lèvres, dans la joie et la gratitude,
Tu es là grâce à l'amour d'un autre, et à sa servitude.
Un enfant qui veut jouer se cache au plus profond de toi,
Ignore-le et il te rendra fou ; ce qu'il veut, il l'aura !

Réjouis-toi pour un rien, comme une enfant et son poupon,
Sois joueur comme un petit garçon, qui lance et frappe son ballon.
Les forces extérieures, l'ignorance ou les préjugés te pousseront vers la soumission,
Tu portes une incroyable force intérieure, qui peut tolérer et vaincre toutes les intrusions.

Laisse ta douleur et ta peine brûler dans le feu primordial,
Laisse ta vie devenir simple et humble service du prochain. Ton désir ? Rembale !
Équilibre ta vie, connecte-toi à l'archétype guerrier,
Tes sens s'aiguiseront et réveilleront l'empathe, le voyant, le sorcier.

Suis ton propre chemin de guérison intime, confronte tes ombres enfouies, tes démons,
Reste fort à l'intérieur, laisse ton âme occire les dragons du donjon.
Laisse la sagesse en toi te guider dans les épreuves de la vie et suis ta propre vision,
Ce lieu où tu te trouves est un champ de manœuvres, pour accomplir ton destin, ta mission.

Mets ta vie en ordre, prends soin de ton corps, ton âme, ton esprit : vise l'excellence,
Un de ces grands pouvoirs dont tu t'es peu servi, se nomme courage et résilience !
Ta vie est pleine de respirations, prends soin d'apprécier chacune d'elles,
Mène une vie saine, à couper le souffle, et fais qu'elle soit la plus belle !

## 18. Le Long Voyage

Notre voyage sur Terre croise des années-lumière, trous noirs, galaxies brillantes—jusqu'à rejoindre la Voie Lactée !
Trouve la petite pierre bleue, plonge doucement, choisis un père et une mère, avec lesquels tu souhaites rester...

Nos superpouvoirs rendus futiles, nous ne savons plus d'où partir, où aller.
La vie est affaire de conscience et d'espace intérieur ; pas de sagesse, de pensée ou système,
Nous sommes projetés dans cette existence, et l'on récolte ce que l'on sème !

Dans la tête est le savoir, dans le cœur est le sentiment,
Ils doivent travailler dans l'harmonie, sans tiraillement !

Jeunes, nous suivons notre culture, nos traditions, nos professeurs, qui nous disent ce qu'on doit savoir : le niveau moyen,
Nous ne sommes au fond que la conscience que l'univers a secrètement de lui-même ; poussière d'étoile venue de très très loin !

On saisit notre histoire, on parle du chagrin, de la gloire ; des fautes qu'on a commises, du drame et de l'angoisse,
Des pleurs du nouveau-né et du rire de l'enfant ; nous offrons nos pouvoirs au passé, à la négativité, la crasse !

Alors nous devenons bornés, sans cesse chassant choses et concepts inatteignables, imaginaires mais qui ne sont pas présents,
Nous pensons le pire des situations et des autres, jugeons la vie malfaisante, trop injuste vraiment !
Mais n'oublie pas, tu es poussière d'étoile et lumière infinie : présence dans l'instant, tu seras toujours vivant...

C'est la dualité de la vie, chaque chose comporte son contraire,
Ta dette est ton Karma passé ; et tu dois de lourds honoraires.
Nous sommes déjà codés et chargés avant de parvenir à ce lieu conscient,
Remplis d'excellence, de dons, de talents ; préservons ce point important !

La peur est source d'inconfort, écoute les personnes inspirantes,
Sois bon avec toi-même, autorise-toi à prendre des décisions vaillantes !
Entoure-toi de gens bienveillants, trouve une tribu, une communauté,
Garde-toi de la peur, construis ton propre confort, prospère dans la perplexité.

Agis selon la dignité, le respect et l'amour que tu dois te porter,
Nourris tes dons et tes talents, comme tu nourrirais un bébé.
Prends des risques, sois spontané, dépasse-toi, car le bonheur n'est que paraître,
Va plus loin que l'action et l'accumulation de biens matériels : tout est dans l'état d'être !

## 19. Le Chemin Délaissé

L'esprit humain a des envies d'ailleurs,
Quand cesseront destructions, famines et guerres ?
L'âme est en quête perpétuelle de cette vérité secrète sous nos yeux dérobée,
Le grand, le puissant peut harceler le faible, mais force n'est pas équité !
Regardons, apprenons, curieux de notre passé historique,
Mais laissons place à l'inexpliqué, au mystérieux et au magique.
L'instinct nous pousse à découvrir, à connecter avec notre monde,
Des gens qui nous ressemblent, qui nous aiment, et sont sur la même longueur d'onde !
Les hommes blessés de faible caractère blessent les autres : une maison bâtie sur les sables,
Accros aux problèmes, au chaos, aux relations atrophiantes et incontrôlables.
Paix et silence, environnements sains et bien-être, ils ne comprennent pas !
Nombreux sont créatifs, artistes, poètes, danseurs, musiciens, qui jouent dans un groupe parfois.
Certains croient la vie linéaire et logique, démontable et réparable, en pièces détachées,
Ils perdent une précieuse énergie de force vitale, avec vides et ratés.
Au lieu d'Être, ils tentent de définir ce que sont joie et félicité,
De fait ils regrettent le temps perdu, sans étreintes ni baisers !
La Route du bonheur est simple, mais beaucoup prennent un chemin tortueux,

Souci de soi, amour, massage, chants et danses, un bain chaleureux.
Sois spontané, prends le chemin délaissé, peut-être alors,
Tu accompliras ce que tu entreprendras, vaste comme le ciel bleu et l'océan fort...

## 20. Nature et Mystère

Stupéfiants les sens que Muse tu éveilles chez les êtres humains,
Les facultés créatives que beaucoup, faute d'usage, laissent au bord du chemin.
Ta présence dans les parages est comme le nectar pour le papillon,
La géométrie sacrée de la nature——la fréquence mystérieuse de la vibration et du son…

Je te vois au loin, mes sens se mettent à décupler,
Ce temps passé ensemble, c'est la vraie vie, je sais.
Sous la forme de l'eau, tu surgis en maintes apparitions somptueuses,
En cascade jaillissante——en rapides——en haut de montagnes majestueuses !

Beaucoup d'antiques et nouvelles civilisations honorent ceux qui rendent la vie possible,
Le libre-arbitre et les choix de certains ont rendu la vie sur cette planète : horrible !
L'homme agit mal et ne comprend pas, égaré par tes vastes pouvoirs,
Il gâche——tente de piller——viole et détruit tous tes trésors !

Toi, force qui dicte aux planètes et aux astres l'ordre précis de leurs mouvements,
La beauté de la nature, des êtres sensibles, des montagnes fortes et du vaste océan…

L'énergie et la puissance derrière le grand Tout : infini——sans histoire ni passé,
La conscience derrière ce qui peut être saisi, tout le reste n'est qu'obscurité...

## 21. Épiphanies d'Amour et Rêves

Mon amour pour toi traversera les montagnes puissantes
Mon amour pour toi jettera des pièces dans les fontaines charmantes
Mon amour pour toi est incommensurable
Mon amour pour toi à tout lieu, tout trésor est incomparable
Mon amour pour toi n'est que grâce et patience
Mon amour pour toi, mère reconnaissante qui neuf mois attend la naissance
Mon amour pour toi prend des années-lumière de voyage
Mon amour pour toi pond des œufs dans le sable sur la plage
Mon amour pour toi dépasse les pensées, croyances et sentiments
Mon amour pour toi s'étend au-delà des océans puissants
Mon amour pour toi est plus doux que le nectar des fleurs
Mon amour pour toi est infini, des heures et des heures
Mon amour pour toi traverse plans astraux et dimensions
Mon amour pour toi, chamane qui danse dans l'exaltation
Mon amour pour toi est simple, humble, il n'est pas compliqué
Mon amour pour toi est omniprésent, il ne passera jamais...
Le rêve de partir pour tant d'exotiques voyages
Le rêve de croiser de beaux, d'extraordinaires visages
Le rêve de briser les règles et franchir ce parcours
Le rêve de trouver l'être cher et connaître l'amour
Le rêve de voir des danses uniques et vénérables
Le rêve de soutenir des causes dignes et honorables
Le rêve d'être heureux dans la vie, dans le regard quotidien des êtres aimés
Le rêve d'une faune abondante, j'aime tant les voir se rassembler

Le rêve de communion, parler à de nouvelles personnes et prendre l'apéro
Le rêve d'endroits reculés, où la vie coule lentement comme un sirop
Le rêve de croissance personnelle, suivre leçons et séminaires
Le rêve d'une routine de succès, sur une base régulière
Le rêve du propre et rangé, être en ordre : se débarasser de l'inutile fouillis
Le rêve d'être reconnaissant, plein de joie, se savoir béni par la vie
Le rêve de voir les galaxies tourner les unes autour des autres, en conflit…

## 22. Né Plein et Complet

Tu es né plein et complet, mais la culture fait de toi un mouton,
La vie passe si vite, tu réalises que tu es fait jusqu'au trognon !
Absence de vision, de rime ou raison,
Les gens sont vautrés devant leur télévision.
La nature détruite par l'ignorance et la cupidité,
Mais nous l'ignorons et continuons de procréer !
Espèces éteintes, animaux disparus, et les oiseaux ne savent plus chanter,
Éducation débile, télé-réalité et fast-food sont rois désormais !
La télévision endort ton esprit, tandis que l'alcool l'engourdit,
Vis une vie bonne, sois un citoyen responsable dans le monde : on te prend pour un abruti.
La meilleure drogue de passage qui soit est l'alcool : partout en vente libre ; picole un max et tu fileras tout droit en Enfer !
Les gens sont aisément manipulés, sifflets et cloches de Pavlov leur disent quoi faire.
Écoute, obéis aux autorités et exécute comme l'automate,
Essaye de te rebeller, on t'éteins et on te formate !
En Occident, la surconsommation a banalisé l'obésité,
La tendance à l'avenir : l'exode massif des zones rurales vers les méga-cités.
La médecine occidentale n'a pas pour but de prévenir ou de soigner la maladie,
C'est un système fait pour le profit ; les compagnies d'assurances font les poches des gens : comme des bandits !
La société t'a toujours eu à ses côtés, et elle t'a joué un tour sournois,

Elle t'envoie chercher des ressources, carotte qui pendouille au bâton devant toi.

Certains contrôlent la société à un niveau occulte, de petits groupes de gens, à ce qu'il paraît,

Ils sont présents, mais invisibles ; ils gardent tout pour eux, veulent la totalité !

Pour rassembler autour d'eux dans une collusion géante,

Pour justifier leur folie matérialiste incessante.

Tous les sept à dix ans, survient une récession alors qu'éclate une bulle spéculative,

Par leurs relations, riches et puissants perçoivent des aides du gouvernement——tous les autres sont dans la mouise !

Tous devons prendre une décision cruciale à un moment donné de nos vies,

Se réveiller et vivre conscient, ou continuer à vivre dans un état d'hypnose, de déni ?

C'est facile d'être hypnotisé par la quête de statut social, d'argent, de renommée,

Hypnotisés par le succès de ceux qui nous entourent, nous appliquons leurs normes à nos propres destinées.

Marionnettistes, ils disent aux gens qu'ils sont égaux pour les convaincre d'une fausse liberté,

Ni ressources ni vivres pour se nourrir, écoles pourries et quartiers défavorisés : comme en captivité !

Hypnotisés par les médias, encouragés à consommer des choses inutiles, pour des raisons qui sont les leurs,

Réveillons-nous de ce délire collectif qui nous enlève notre énergie, notre pouvoir et nos heures.

Le capitalisme, depuis des générations, est un système abusif,

Il est fondé sur une vision désuète de la réalité, promue à grande échelle pour nous rendre naïfs !
D'immenses populations vivent dans l'exploitation, leur psyché frappée et complètement blessée,
Ç'en devient un jeu où l'exploiteur, exploite l'exploité !
Les ressources s'accumulent entre quelques mains, par un système de Ponzi, selon la loi de l'abondance,
Les autres ne peuvent compter que sur eux-même pour assurer leur survivance.
L'exploitation mène à la destitution, qui peu à peu mène à l'incarcération,
Les États-Unis en sont les grands champions : plus de deux millions de forçats dans cette seule nation !
Il y a un plan sinistre derrière cette folie, contenir et soumettre le peuple dans un immense bazar,
Culture de la pauvreté, échec scolaire, quartiers violents et criminels : rien n'est dû au hasard !
Ces forces obscures sont rusées, mais à courte vue; ne comptent que leurs dividendes, tout le reste est transgressé,
Une prise de conscience, que nous sommes tous faits du même tissu de vie : à tous nous devons l'enseigner !

## 23. Tu Dois Voyager !

Donc tu penses que c'est ta vie la verité,
La vie des autres, tu voudrais t'en débarasser ?
Tu te sens jeune et immortel, et penses que la vie est belle et chouette,
Tu attends que les choses se mettent en ordre, et que s'alignent les planètes ?
Chasseur d'ombres illusoires, de la conception à la pierre tombale,
Tu ne seras sans doute qu'un simple rouage dans la machine : esclave du capital !
À moins de t'éveiller au Vrai, avec courage et détermination,
Il y a de l'espoir, une chance de sortir de cette prison
Celle qu'est devenue ta vie, la parabole de la caverne de Platon !
Abandonne tout ce qui ne te sert à rien, tes dépendances et addictions !
Petit garçon, pour me sentir libre, je jouais au cerf-volant,
M'imaginais monter dans le ciel, comme un oiseau s'élevant,
Alors j'ai réalisé qu'il ne mord pas, le chien qui aboie tout le temps !
Là-bas dans les champs, le vent frais soufflant dans les pissenlits,
j'ai fait un vœu,
J'ai vu un aigle au loin, fonçant dans la rivière pour y pêcher un lieu.
Je veux fréquenter des gens qui savent et révèlent des secrets, ou être seul,
Battu comme un navire passé par le cyclone, à travers l'œil...
Ma vie fut magique, car je l'ai crue comme telle !
J'ai chassé des mirages dans le désert, répondant toujours à l'appel.
Tu dois voyager partout, apprendre à être gentil,

Voir comment les autres vivent, étendre ton horizon, ouvrir ton esprit.
Voyager te coûtera un peu de monnaie,
Mais cette dépense en vaut le prix, et tout ton argent durement gagné.
Tu apprendras l'essentiel de la vie ; tu sauras te débrouiller,
Tout ce que tu dois faire : t'acheter un billet et te mettre à voler….

## 24. Poésie Mystique

Si tu aimes quelque chose, laisse-le s'échapper par la fenêtre,
S'il revient vers toi, c'est ce que son destin devait être.
S'il s'échappe et plus jamais ne revient,
Au fond de toi tu sauras que ton amour n'était pas vain.
L'amour, sentiment inexplicable, pur, innocent, joyeux, bienheureux,
Il te rendra courageux, tu feras l'impossible et c'est merveilleux.
L'amour c'est voir les gens où ils se trouvent, mais regarder où ils pourraient se trouver,
La compassion c'est l'art de voir les choses du point de vue de l'autre, c'est la maturité !
L'amour est l'énergie qui maintient les planètes ensemble accrochées,
C'est la force qui garde les particules atomiques l'une par l'autre attirées.
Deux options s'offrent à toi dans la vie : soit l'amour soit la peur,
Que l'amour soit ton choix et te guide comme la flèche du tireur.
L'amour est communicatif, il apporte croissance, clarté et créativité,
La peur est rétractile, elle apporte déclin, stagnation, destruction et inactivité.
Il y a deux loups——en toi———lequel laisseras-tu te guider ?
Choisir entre amour et peur, c'est choisir quel loup tu veux rassasier.
Un champ vibratoire lie et connecte l'ensemble du réel,
Le comprendre est pour tout homme un rite originel.
Une étincelle d'infini en toi se meut,
La présence ou l'Ego——ceux qui savent sont peu nombreux.
La chose la plus dure, semble-t-il, pour l'homme normal,

Est de créer dans son corps et son cerveau de nouvelles habitudes et connexions neuronales.
Entre monde intérieur et monde extérieur, existe un lien mystique, Depuis la nuit des temps, il berce les hommes de songes philosophiques.
Bouddha l'appelait——la Voie du Milieu ; Lao Tseu——le Tao ; et Aristote——le Juste Milieu,
Ils dénonçaient souvent les apparences comme illusoires : l'introspection était l'enjeu.
C'est la source commune de toutes religions, chemins mystiques et spirituels,
Elle permet aux consciences élevées de composer avec la matrice du réel.
Ce que tu cherches dans la vie, en toi veut aussi s'accomplir,
Le va-et-vient de la vie lui donne du sens et la fait advenir.
La douleur t'abattra, et ta vision te relèvera,
Tes faiblesses tu embrassera, de ta vie chants et danse tu feras.
Ta douleur t'abattra, seul au monde tu te sentiras,
Ta vision, d'autre part ; te relèvera et vers ton rêve te poussera.
La main du destin qui t'encourage——ne veut que ton bien——et veut que tu l'atteignes,
Ton libre-arbitre et les choix que tu fais, décident si tu atteins les sommets, ou si tu saignes.
La puissance inhérente de la nature, qui aime se mettre en scène, s'exhiber,
L'Amour maternel en chaque grain de sable…chaque brin d'herbe a un rôle distinct et unique à jouer.
La séquence de Fibonacci répétée dans la nature, omniprésente, partout visible,

La beauté et l'équilibre mystérieux, saisissants, œuvres d'énergies cachées, invisibles.
L'âme hébergée par le corps, Infinie et Éternelle : tout le reste n'est qu'illusion !
Elle perdurera pour toujours……sans achèvement ni conclusion……

## 25. Cherche Plus Loin pour Trouver

Ta vie vient-elle pleinement, complètement, authentiquement du cœur ?
Ou vis-tu dans ton esprit, rempli d'idées, de concepts et de sinistre rancœur ?
As-tu laissé brûler ta vieille identité dans le feu de la conscience ?
As-tu couvert le bruit de fond qui émane et imprègne sous forme de désir intense ?

Tu oublies que de zéro à sept ans tu as été modelé et changé en personne que les autres acceptaient,
Tu a nié, dénigré, rejeté, refoulé des parties de toi contre l'amour et la reconnaissance de tes proches—pigé ?
Parfois tu te demandes pourquoi la vie t'envoie tant de coups durs et de drames,
C'est pour te mener à la plénitude, l'essor et l'écoute des appels authentiques de ton âme.

Cesse de vivre ta vie en ombres chinoises, un arrière-plan pour les neutraliser et continuer d'être aimé,
Inconsciemment, évolue vers l'acceptation, la validation, la sécurité ; ou tu seras émotionellement affamé.
Laisse l'amour être l'ancre de ton âme,
Et que la compassion en devienne le programme.

Un artiste créatif voit sans recourir à ses cinq sens,
Elle écrit, peint, chante, joue la comédie et de la musique, danse.
Ne t'obstine pas en vain dans le tragique,

Tu n'y es pour rien : le coupable est ton cerveau gauche, linéaire et logique.

La vie a des hauts et des bas, mais parfois semble plafonner,
Comme quand le cœur cesse de battre, que l'homme n'écoute que sa pensée ?
Tu as des millions d'années d'essai et d'erreur dans l'évolution, ce laboratoire naturel,
En toi est un pouvoir trop souvent au repos, qui peut écrire ton histoire personnelle.

Mue et délaisse ta vieille peau, l'ancien, le désordre—tout ce qui fonctionne mal,
Une attitude de gratitude aide beaucoup, à la guérison émotionnelle, physique et mentale…

## 26. Divagations sur la Politique et la Vie Moderne

Les médias sont pleins de distortion, de distraction et désinformation,
Ils poussent les masses à poursuivre les fantômes de la frustration, l'anxiété, l'illusion.
Les fils à papa deviennent des sociopathes idiots et narcissiques,
S'emparant de ce qui fut le propre des sages et des moines ascétiques.
En transe, les chamanes dansent, agitent des poupées vaudou et hurlent à la mort,
Ils font tout leur possible pour purifier les âmes de leurs adorateurs.
Tu ne peux vivre pleinement si tu n'acceptes ni ne confrontes la mort !
Je ne parle pas là de méthamphétamine ou d'antidouleurs.
On admire toujours les hommes qui surmontent les désagréments,
C'est le Voyage du Héros, un archétype profond de notre inconscient.
Ce lieu où nous naissons est comme un entraînement,
Pour traverser épreuves, tribulations, réveil, ascension et dépassement...
L'armée récoltent nos impôts, bien plus que l'éducation et les écoles,
Des boutons de puissance destructrice, entre les mains de dictatures folles.
Tous ces experts et chroniqueurs télé—pour la plupart déconnectés,
Rabatteurs de richesses pour les un pourcent, pour qui ce n'est jamais assez.

La pauvreté entraîne la pauvreté, et le cercle vicieux de la misère maintient les masses dans le brouillard,
Tout ce qui leur reste est l'espoir, qu'un jour ils deviennent riches et échappent à ce cauchemar.
Los Angeles, où je vis, découpée géographiquement en zones où la vie est moche, et zones où la vie est belle,
Générations prises au piège d'une ville dont la prospérité n'est que superficielle,
Divisée en enclaves ethniques, où les richesses sont chiches— chômage de masse et pauvreté,
L'ignorance et la pauvreté sont la pire forme de violence des élites envers la majorité.
Tu sais que le cannibalisme économique est le stade suprême du Capitalisme,
Quand la production industrielle plafonne, personne n'achète la camelote : on accuse le Socialisme.
L'autre jour, quelqu'un a dit : tu es dans le trou ? Cesse de creuser !
Piégé dans les sables mouvants ? Laisse-toi flotter, cesse de bouger.
Si tu es perdu dans la vie, commence à servir,
Si l'on t'a appris à ne chercher que ton propre intérêt—commence à offrir !

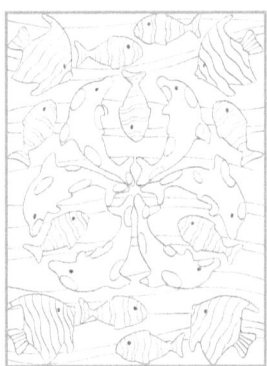

## 27. Quand Elle Danse

Elle danse comme un oiseau volant dans l'espace,
Un spectre continu de chorégraphie, de génie et de perpétuelle grâce !
Superbe mosaïque, kaléïdoscope de couleurs radieuses et brillantes,
Formée en une figure élégante, d'étendue et de taille impressionnantes.
L'amour en rayonnait, des yeux perçants sculptés dans son visage,
Dans ce monde elle a trouvé son destin, son but et son rivage.
L'alignement avec la beauté rime avec vigueur et longévité,
Incarner la beauté incorpore et exprime un énorme pouvoir, une fonction de créativité !
Ses courbes comme une route sinueuse, sa vive prestance,
La beauté et l'élégance partout où elle danse !
Ses mouvements, uniques, si distincts, extraordinaires ;
Les gens ne peuvent s'empêcher de la regarder faire !
La vie c'est comme la danse : un qui mène, un qui suit.
Chacun a sa chance de briller, de combler ses envies.
Le meneur fait le gros du travail, pour s'unir et ne plus faire qu'un,
Quand les deux bouts sont joints—ils sont dans le rythme—La Danse est à point.

## 28. Homo Sapiens

Hé, Homo Sapiens ! Qu'est-ce qui t'est arrivé ?
Pourquoi as-tu oublié ce qui pour toi fut toujours vrai ?
Deux forces essentielles nous guident dans la vie : l'amour et la peur,
Que l'amour soit ta force directrice—concentrée—comme la flèche du tireur.
Tu n'es pas venu au monde, tu viens de ce monde,
Tu sembles surtout vivre dans la peur... La vie brandit sa grande fronde.
Oui, ils t'ont fait peur au début, les animaux sauvages, l'éclair et le tonnerre,
N'as-tu pas appris et évolué, en ces temps si délétères ?
Pourquoi l'indifférence envers le climat, la déforestation, les inégalités et l'avidité financière ?
Beaucoup d'hommes éclairés sont venus avant, voulant te remettre dans le droit chemin, qui libère !
Tu n'es pas séparé des autres espèces, mais tu te sens spécial pourtant,
Reviens à tes sens et à la vérité—de grâce, fais-le maintenant !
La verité est simple, évidente, tout abonde
Faites de fines particules, vibrant partout à la ronde
Passant par l'énergie de la lumière et du son
Pas besoin de marcher sur l'eau, ni d'étonner
Sur la terre, fermement, pose juste les deux pieds...

## 29. Deux ou Trois Choses de ma Vie

Je crois mon cœur plus que mon esprit, et mon cœur ne m'a jamais trompé,
L'esprit peut être dominant, évincer le cœur et le tenir éloigné.
À l'école j'étais très créatif, les maths étaient la matière que je détestais,
J'avançais dans la vie yeux bandés, trébuchais souvent sur tel chemin, telle allée.
Petit garçon, j'avais un petit camion qui m'amusait énormément,
Ces souvenirs s'évanouirent, quand je devins homme de vingt ans.
Me sentant seul à cet âge, nul ne semblait me prêter attention,
Vivre au pensionnat à un si jeune âge, entraîne quelques complications.
Le monde à mes yeux était effrayant, et la nuit je me cachais sous la couverture,
Jeune homme, j'étais perdu et expérimenté—ayant beaucoup d'aventures.
Les jours devinrent des mois, j'ai pris des cours de charabia à l'université,
J'ai bossé dur pour joindre les deux bouts, la vie n'était pas bon marché.
À presque trente ans, j'ai fait le tour du monde, mon esprit dut faire preuve d'ouverture,
J'appris bien des choses que l'école n'enseigne pas—mes guides s'appelaient contemplation et nature...
Celui que je voulais devenir allait grandissant,
Un mercenaire, voyageur du destin....observateur assidu des présents événements.

Je veux fréquenter des gens qui savent et révèlent des secrets, ou rester seul,
Battu comme un navire passé par le cyclone, à travers l'œil...
Ma vie fut magique, car je l'ai crue comme telle,
J'ai chassé des mirages dans le désert, répondant toujours à l'appel.
La vie peut être un terrain miné, comme courir dans un immeuble en feu,
Une oreille qui ne juge pas, un ami proche, c'est tout ce que je veux.
Immergé dans la culture du jeu, complètement subjugué,
Le temps a passé, et je suis devenu comme un vautour plumé.
À l'heure de pointe je fonçais pour être à temps pour boire,
M'abrutir pour oublier ce job gonflant, ainsi j'abdiquais mes pouvoirs.
J'ai voulu faire beaucoup d'argent, réussir pour épater des gens que je n'aime même pas,
Je voulais être vu dans une voiture de luxe, pas sur un vélo à plat !
Je bossais non-stop, sang, sueur, larmes et labeur ; endetté jusqu'au cou, dès le départ,
Un boulet d'acier à la cheville comme un esclave—jusqu'à ce que la mort nous sépare.
Il y a quelques temps j'ai pris sept mois de congé sabbatique,
Ce fut un grand moment, et c'était magique.
À présent, j'ai change pour devenir un nomade digital,
La vie est belle, j'en suis ravi, c'est génial.
Cela m'a ouvert de nouveaux horizons et dimensions, ainsi que mon œil intérieur,
Alors j'ai pu voir au travers de l'écran de fumée, et des signes trompeurs.

Je me suis vu plein de soliloques morbides, autant d'intimes agents secrets,
C'en devint évident, je réalisais, c'étaient des aspects de moi que je méprisais,
Si, par chance, je m'en sors, la culture développe un syndrome de l'imposteur en moi,
Chaque fois que je pense ne rien mériter—je me cache et chante Ôm dans un studio de yoga...

## 30. Sois Bon

Pour tous les êtres vivants sensibles, sois bon,
Sens-le dans ton cœur, pas comme un concept de ta raison.
Donne aux innocents, aux sans-voix, aux enfants, animaux et nature,
Tu te sentiras grand au-dedans, ton âme gagnera en stature !
On se dit que donner quelques dollars, quand on prend du recul, ne change rien au drame,
Donner, partager ouvrira ton cœur et libérera ton âme...
Quelques billets donnés, à l'échelle des choses, n'entameront pas tes avoirs,
Ils mettront du sens dans ta vie, du kérosène dans ton réservoir !
Peu sont ceux qui partageront avec gratitude, je sais ça,
Ta coupe est pleine, à toi d'en gérer l'abondance, et Dieu toujours te bénira !

## 31. Ton Lieu de Silence

Que tes peurs, tes larmes, soient tes maîtres ; et fassent de toi un féroce guerrier !
Soucis passés, pièges du regret—tout disparaît...
Laisse ton égo préfabriqué, et toutes tes anxiétés,
Laisse cette partie de toi briller, la sagesse n'attend pas les années.

Laisse tes vulnérabilités devenir tes superpouvoirs,
Laisse la culpabilité et la honte, descendre le siphon après la douche du soir...
Hisse ta conscience et ta connaissance à la fréquence d'amour ultime,
Toute culture le sent, dans ses histoires, rêves, archétypes : cela nous vient des cimes.

Prends soin de l'intime, les apparences suivront,
« Le bonheur est affaire intérieure » — voilà un sage proverbe, et profond.
Dans le royaume quantique—reine est l'imagination,
La conscience est première, de toute chose fondation.

Les sages et les mages du monde d'alors,
Savaient transmuter le mal de vivre, et changer le plomb en or.
La faculté de répondre aux visions internes sous-jacentes,
Sans réagir aux perceptions traumatiques impuissantes.

La langue que tu parles, est comme ton système d'exploitation, elle définit ta réalité,

Qui, à son tour, modèle finalement ton destin, tes valeurs, ta moralité.
C'est parfois d'être brisé, qui forge le caractère,
Le monde est un grand théâtre, toi tu en es l'acteur.

Un miroir réfléchit, il ne juge, ne condamne et ne se plaint jamais,
C'est l'égo, le petit soi... qui vit dans le déni et la culpabilité.
Tout le monde ne veut pas jouer au même jeu avec le même ballon,
Chaque vie est différente, ce n'est pas taille unique : à chacun sa vision.

Simplifie, réduis, dégraisse, minimise, supprime déchets et débris,
Ta vie sera plus épanouissante, ton compte en banque plus fourni.
C'est la valeur que tu portes dans le monde, dans tes relations, entré dans la danse,
Tu l'aimes, elle vient à toi aisément, tu fais un sans faute ; il vient de la Présence, ton Lieu de Silence...

N'oublie jamais ça : ce que tu aimes te rend plus fort,
Ce qui te rend plus fort, tu l'expérimentes et l'attires maintenant, dès lors.
Laisse-toi entrer dans l'Être, le bon, le beau, le vrai !
Laisse-toi grandir de l'intérieur, afin de contribuer...

N'aie pas peur de vieillir, sois heureux, ton âge ne compte en rien,
Sache que tu fais partie des chanceux, beaucoup ne vont pas si loin !

## 32. Ode à Gaïa

J'ai hâte de fusionner avec la déesse, et danser
Voler au-delà des plans astraux, des dimensions, transcender
Sa présence prive les fauves de leur domination et de leur arrogance
Là où la source créative révèle son pouvoir et son innocence
Éruptions de volcans, œil d'ouragans, énergie d'océans
Papillons et abeilles, fleurs et nectar... dialoguent comme en un roman
La beauté est intense, ça vaut le coup de regarder
Plongeant dans l'extase et la joie... ça vaut le coup d'essayer
De ramener la Muse, restaurer l'équilibre premier
J'ai hâte de fusionner avec la déesse, et danser...

## 33. Conscience Quantique

La réalité a été tordue par l'hypernormalisation du bizarre et de l'incongru,
Le sens commun est éteint, la Règle d'Or transgressée... L'empathie et l'entraide ont complètement disparues.
Les gens qui m'entourent ne pensent qu'au NASDAQ, à la politique, à l'indice boursier,
Mon esprit voyage dans le temps, honore Ishtar, déesse du sexe et de la fertilité.
La majorité est programmée pour la dissonance cognitive, et pour vivre sa vie dans un désespoir silencieux,
Vivre de fausses vies et la vie d'un autre, c'est comme un suicide par isolement, à petit feu.
Les travailleurs triment, de retour au turbin. Comparés à l'inflation, depuis des décennies leurs salaires demeurent statiques,
Les riches stockent leur argent dans des paradis fiscaux offshore, qu'ils giclent dans leur masturbation économique.
La plupart des gens sont câblés pour suivre les traditions, faire des enfants, bosser et payer les redevances,
En échange d'un gagne-pain ; ils offrent leur énergie vitale, leurs temps et compétences.
Je pense être venu sur cette planète surtout pour être en congé,
Plutôt que d'être torturé, année après année, pour apprendre un métier.
Contrôlé systématiquement de la naissance à la mort, si subtilement qu'on ne comprend même pas ce qui advient,

Sortir de ce mécanisme de contrôle, vivre dans la lumière, est la mesure la plus exigeante de l'être humain.
La publicité change ton comportement, te manipule par le son et la vidéo,
Elle génère un emprisonnement volontaire : bien attaché, mains dans le dos.
Les médias à droite à gauche te terrifient et te maintiennent dans l'effroi,
Sois salarié-esclave, ferme-la et endette-toi auprès du système obscur ; prends une bière et détends-toi.
Tu vivras dans un environnement et seras familiarisé, hypnotisé, mercantile,
Accro au matérialisme, te comparant aux voisins pour des futilités, puis le temps file.
La manipulation vient de tous les côtés, comme l'éducation la religion et la tradition,
Prendre conscience de cela est ardu, l'homme est fidèle à sa perpétuelle instruction.
Faute de vision claire, de résolution dans la vie…une vie sans questionnement ne vaut pas d'être vécue,
Les pouvoirs en place, t'ont plongé dans la dette—vidant ton énergie dans un don continu !
Tu as l'opportunité de tirer des leçons de la vie, de simples bénédictions,
Ton égo passera pour une vertu—te maintenant dans le statu quo—loin des explorations.
Vouloir rentrer dans un moule bâti par les attentes d'autres personnes, déçoit et ne nous laisse que l'espérance,

Prenant des cachets pour tuer la douleur, auto-médication avec alcool ou drogues—simple survivance.
Le système est conçu de A à Z pour favoriser les puissants, les riches aux bonnes relations et aux noms pompeux,
La démocratie sabotée, les politiciens rendent des comptes à une infime minorité qui les couvre d'énormes bakchichs et qui joue leur jeu...
On vend au reste de la population de jolis pavillons, des contes de fée, des billets de loto et le Rêve Américain,
L'ignorance rampante, le système éducatif cassé, la manipulation pour voter contre leurs propres intérêts : tu hurleras sans fin !
Pour trouver la solution, fais-toi détective, creuse tout en bas de l'Arbre de Vie, et trouves-en l'origine,
Les soi-disant experts sont divisés, certains cinglés ; ils ne mettent qu'un pansement temporaire sur les racines.
Le voile de l'illusion doit être démasqué et soulevé,
La liberté vient sous différentes formes, le libre arbitre doit être émancipé.
La totalité est Conscience, et la Conscience totalité,
Le cœur et l'emphase sont sur l'Être...pas sur le faire ou le posséder.
Tout est holographique et fractal, les petites parties l'ensemble font,
Toi, l'observateur, détermine l'issue —ainsi tu sortiras du puits sans fond...
La réalité est conçue dans ton esprit, elle est ce que tu crois,
Les idées des autres, leurs opinions et croyances nichent dans ton esprit : ils se jouent de toi.

Tu dois faire taire les bruits stridents, les voix conditionnées de l'esprit humain,
Accueillir, embrasser la vision intérieure, elle est toujours là : même quand tu ne vois rien.
Tu es l'observateur, le créateur de ta propre réalité, pas tes pensées, ni ta chair ni tes os,
Ce ne sont que des véhicules temporaires à emprunter, tous disparaîtront bientôt...
Comment sortir du Maya, la matrice hermétique ?
Une option est de comprendre la Mécanique Quantique.
Le service du prochain, c'est le plus important ; pas juste : « Qu'est-ce que je peux en tirer ? »
Être, n'est pas qu'avoir et faire—là devraient être le centre et l'énergie déliée.
La conscience se grime à travers toi, en toi, dans l'espace et le temps vrais,
Tu grandis, élève ta connaissance et commence à grimper.
Le temps file, comme la poussière emportée par l'orage,
J'entends la liberté—le son de la nature—les oies sauvages...
Le puzzle de la vie, aux pièces finement coupées ; leur union est si belle,
Le plan divin qui collabore avec tout le reste, en harmonie mutuelle.
Dans l'ordre suprême de la vie, existe une intelligence innée...une énergie, un pouvoir distinct,
Qui donne à la vie motivation, détermination et pousse à suivre son propre chemin...

## 34. Salut, Voyageur

Salut l'ami voyageur, je sais que tu es épuisé,
Tu as bossé si dur pendant tant d'années, mais tu t'es fait virer ?
Ta boîte a tiré le rideau, est partie pour un pays défavorisé,
Là où les gens vivent dans le besoin, triment pour deux sous toute la journée, car ils sont affamés.
Tu t'es offert une petite maison avec une palissade, as installé femme et enfants dans ton logis,
La dette te pend au-dessus de la tête comme une corde, crois-tu que ta boîte a joué de sales tours avec ta vie ?
Pourquoi te traitent-ils comme un mendiant désespéré, sans aucun choix ?
Pourquoi te traitent-ils comme un bon à rien, un sans-voix ?
T'as pas bientôt fini de cavaler partout, stressé en permanence ?
T'as pas bientôt fini de vouloir doubler tes collègues, pour garder la cadence ?
T'as pas bientôt fini avec tes doctrines et sentiments de peur, de honte et de disgrâce ?
T'as pas bientôt fini de garder la tête hors de l'eau pour sauver la face ?
T'as pas bientôt fini de croire à tous ces mensonges qu'on t'a inculquées ?
T'as pas bientôt fini d'être dépendant des autres, toujours à les coller ?
T'as pas bientôt fini d'être triste, anxieux, maussade et déprimé ?
T'as pas bientôt fini de te soucier de ce qu'on pense de toi ?

T'as pas bientôt fini de te dire que peu importe qui tu es, cela ne suffit pas ?

T'as pas bientôt fini de penser que peu importe à qui tu tiens tête, tu n'es pas assez dur ?

T'as pas bientôt fini de ressasser ta vie comme un disque rayé par l'usure ?

T'as pas bientôt fini de jouer les figurants dans le feuilleton de ta vie : le détective sous couverture ?

T'as pas bientôt fini ?

## 35. Madame X

Quand elle est née, son visage rayonnait comme mille étoiles brillantes,
Quelques années plus tard elle était pleine de doutes, de traumas, cicatrices et blessures béantes.
Née dans l'humilité, elle grandit et devint une princesse combative,
Elle était pleine d'énergie, au contact de sa vérité profonde... fougueuse femme, excessive.
Elle était vive d'esprit et sage pour son âge, ne suivait ni système ni procédé,
Elle traçait son propre chemin de vie, ne suivait ni princes ni roitelets.
Sa conduite était un élixir—un philtre magique, mystérieux et puissant,
Et sa beauté, son charisme comme les rayons du soleil, les vagues de l'océan...
Un sentiment subjectif de ralenti, de beauté et de grâce,
Le temps semblait s'arrêter... dans un silence intérieur... malgré le bruit du monde auquel elle faisait face.
Elle l'avait oublié : elle ne faisait qu'un avec la pluie, la tempête, le tonnerre,
Conditionnée, elle se sentait crue, sécheresse et famine : des choses sous terre.
Elle oublia, qu'elle jouait le rôle principal d'une simulation holographique,
Qu'elle avait choisi ses parents, ses frères, son nom et son origine géographique.
Un jour vint où elle se réveilla et sut qui vraiment elle était,
Elle regarda la Voie Lactée, remercia les étoiles et leur infinité.

## 36. Attends l'Inattendu

La verité te rendra libre !—mais, avant ton réveil, la vérité n'est qu'une cible en mouvement,
Tu dois être curieux, ouvert et accueillant pour qu'elle s'ouvre et révèle son secret latent.
C'est contre-intuitif, car ton intuition est entravée par la vie moderne depuis le jour où tu es né,
Pleine conscience, méditation et manifestation sont remplacées par la logique, jetées au sol et piétinées.
Certains deviennent invisibles, tournés vers le futur, l'ombre d'eux-mêmes : ils deviennent comme des spectres,
Ils voient le zeste de la vie s'éteindre—leur sourire devenir moue—leur passion, leur humanité disparaître.
Je ne m'entends pas avec les éternels ambitieux, qui vivent leur vie comme une guerre,
Jamais contents de ce qu'ils ont, leur devise : plus haut, plus grand, plus fiers...
Ils courent sans cesse dans tous les sens, veulent combler les inégalités,
Ils n'ont pas le temps de sentir les roses, de faire l'amour... ou de se reposer.
On renforce son égo, en multipliant les inimitiés,
La conscience collective passe alors de l'autre côté.
Qui demande pardon libère sa propre énergie d'un réseau de violence et d'autopunition,
Se libère du petit jeu de l'égo, de l'autosabotage, de la domination.
Se libère d'une énergie qui nous prend en étau,

À moins qu'on ne l'embrasse et ne la relâche—ça n'arrive pas de si tôt !

Tu sais que la vie veut te mettre en scène et t'exhiber,
Qu'elle veut que tu sortes t'amuser, rire beaucoup et jouer...
Comment la vie te traite-t-elle ? Tes peurs et tes complexes te tirent-ils vers le bas ?
Ou es-tu heureux, t'amuses-tu, comme un clown qui saute de joie ?
Fais que ta vie sois belle, comme un chef d'œuvre à toi,
Aie une vision, une direction, qu'elle ne s'effondre pas...
La dépression aspire ton âme, ne te laisse qu'une carapace fragile,
Tu te traîneras toute ta vie, les choses ne seront pas si faciles.
La vie n'est pas en noir et blanc—cent nuances de gris s'avèrent la composer,
Laisse place à l'inattendu, que les versions nuancées de tes désirs puissent s'exprimer.
Ta vision fera ta force, elle te portera, le plan d'ensemble t'apparaîtra,
Cette vie n'est pas une cabine d'essayage—mais une grande pièce d'opéra...
La marée soulèvera tous les bateaux, y compris le tien,
Si celui-ci est percé—il coulera et ne flottera pas bien !
Les cinq personnes dont tu t'entoures...procurent remords ou gloire par association,
Ces personnes t'élèveront à leur niveau de conscience, te rendront la vie douce ou bien causeront douleur et tribulations.
Ton caractère et ta personnalité changent avec le temps, créent ta propre réalité,
Combien et à quelle vitesse prends-tu des décisions—c'est la clé du charisme et de l'intensité.

Ta passion est à toi, c'est tout ce que tu veux,
L'objectif est d'offrir tes dons au monde, de mettre ta passion en feu...
Tu es une centrale électrique, un générateur d'énergie à haut voltage,
Va jusqu'au bout, ne tombe pas de la falaise : mais va jusqu'au rivage.
Succès ne veut pas dire excès—vivre de plus en plus somptueusement,
Vouloir et avoir toujours plus, t'engourdira et t'endormira complètement.
Ceux et ce que tu laisses entrer dans ta bulle personnelle,
Peuvent faire de ta vie une ruine tragique, inquiétante, conflictuelle.
À quoi joues-tu, à chasser des fantômes dans le frimas ?
Tu rencontreras bien des obstacles, ton souhait d'aller de l'avant piétinera...
Vis ta vie, comme si tes prières étaient déjà exaucées,
Comme si ton avenir était déjà arrivé.
Imagine une vie qui te rende heureux, comblé, elle t'épanouira,
Sois sûr de rêver en grand : ne l'imagine pas !
Souviens-toi, tes jours sont comptés—et qui sait combien de temps tu vivras...
En toi réside une qualité unique, exprime-la : elle sauvera ta peau,
Tes propres dons, quand ils sont négligés ou inexprimés ; alors te détruisent, comme la pointe d'un couteau.
Tu es poussé par la version d'un autre, qui te cause douleur et blessures,
Ou tu es doucement attiré par ta propre vision profonde, même quand elle est contre-nature.

Ton énergie sera canalisée, précise comme un laser ou une flèche aiguisée,
Elle te guidera et te conduira aux désirs profonds—à l'avenir que tu imaginais.
Va à l'encontre des conventions, des croyances datées, sois différent,
Aie conscience des valeurs perçues au fond de ton cœur : sache ce que tu aimes vraiment.
Deviens quelqu'un d'estimé, un meneur : dans ton groupe, sois l'Alpha,
L'argent viendra plus facilement, une plus grosse part de gâteau pour toi.
Laisse ton avenir montrer la voie...imagine où, dans un mois, tu pourrais être,
Prends toutes les actions nécessaires inscrites sur ton calendrier, sois direct !
Chacun de nous a ses propres histoires de limites et de privation,
Elles dressent des barrières devant nous, nous privent de notre pleine expression.
On ne choisit pas les miracles, les miracles nous choisissent,
Sois ouvert et réceptif, et tu verras qu'ils s'accomplissent !
Craindre les choses que tu ne comprends pas, est une trahison mentale,
Emprisonné, les clés sont jetées : assis dans ta propre cellule carcérale.
Ce que tu apprécies, se décuple à foison et t'apprécie également,
La gratitude vient à manquer, tu as perdu : même ce que tu possèdes, part en fumée entièrement...

## 37. Que Te Dis-tu ?

Que te dis-tu quand tu es seul, quand personne ne vient t'observer ?
Que te dis-tu quand tu regardes dans la glace et n'aperçois qu'une âme desséchée ?
Que te dis-tu quand ton boulot est monotone et funèbre ?
Que te dis-tu quand tu es jeune et vois les autres être riches et célèbres ?
Que te dis-tu quand les médias t'assomment de mensonges et de négativité ?
Que te dis-tu quand tu veux rencontrer de bonnes personnes et vivre dans la prospérité ?
Que te dis-tu quand tu prends conscience que les masses n'ont plus aucune vision ?
Que te dis-tu quand bombarder des innocents dans des contrées lointaines est une stratégie militaire, une mission ?
Que te dis-tu quand la féminité est piétinée, isolée, et qu'abonde la virilité ?
Que te dis-tu quand des êtres humains sont dits « illégaux », qu'on diabolise les laissés-pour-compte et quand des murs sont érigés ?
Que te dis-tu quand tu vois le monde basculer dans l'autoritarisme ?
Que te dis-tu quand fanatiques et nazis sortent de l'ombre pour dégueuler leur aryanisme ?
Que te dis-tu quand tu passes neuf ans en pension et te sens comme en prison, incarcéré ?
Que te dis-tu quand il te faut des années d'échecs relationnels, de combat et de développement personnel pour voir tes plaies cicatriser ?

Que te dis-tu quand à vingt ans pour le lointain tu t'envoles ?
Que te dis-tu quand en voyant tes cheveux longs, les gens te prennent pour un dealer ou pour le guitariste d'un groupe de rock 'n roll ?
Que te dis-tu quand à trente ans, tu penses être malchanceux, que la vie est inique ?
Que te dis-tu quand ta famille et tes amis pensent que tu te fiches de tout, que tu es trop égocentrique ?
Que te dis-tu quand tu termines enfin tes études et en sors diplômé ?
Que te dis-tu quand tu enseignes l'art pendant dix ans dans le public, et que le stress te fait ployer?
Que te dis-tu quand, à l'encontre des normes sociales, tu préfères ne pas être marié ?
Que te dis-tu quand tu te sais introverti, que tu fuis les mondanités et rechigne à te mélanger ?
Que te dis-tu quand tu parles aux jeunes et leur dis de quel monde troublé ils héritent ?
Que te dis-tu quand on se demande si nos emplois seront volés par l'IA, ou reposeront toujours sur le mérite ?
Que te dis-tu quand d'en haut d'une montagne tu cries, que seul l'écho se fait entendre ?
Que te dis-tu quand le climat se dégrade, quand les espèces disparaissent, que l'environnement est détruit puis réduit en cendres ?
Que te dis-tu quand ta seule occasion d'exister c'est de voter tous les quatre ans ?

Que te dis-tu quand on insulte ton intelligence, trait comme une chêvre par les politiciens et le gouvernement ?

Que te dis-tu quand tu galères, quand tu essayes de faire de ton mieux, mais qu'il te manque le mojo ?

Que te dis-tu quand ton énergie se déverse dans l'absurde et les drames, que tu es toujours contrôlé par l'égo ?

Que te dis-tu quand tu vois les nations, les races, les religions et les groupuscules figés dans des camps différents ?

Que te dis-tu quand tu vois sacrifiés, comme des agneaux sur l'autel, les gens bosseurs et innocents ?

Que te dis-tu quand tu réalises qu'il n'existe ni futur ni passé ?

Que te dis-tu quand tout ce dont tu as besoin en ce moment, c'est de cette créativité que tu souhaites cultiver ?

Que te dis-tu quand tu regardes étoiles et galaxies à la nuit tombée ?

Que te dis-tu quand tu vois planer une chouette, qui prend un rongeur en plein vol, dans un silence complet ?

Que te dis-tu quand les abeilles meurent par centaines, mais que l'on redemande de leur miel succulent ?

Que te dis-tu quand, grandissant, on t'endoctrine à chercher le pouvoir, la gloire et l'argent ?

Que te dis-tu quand tu te sens cerné par le chaos, les rumeurs, les accusations ?

Que te dis-tu quand tu grandis en des pays lointains…entouré de brutes, de violences et d'humiliations ?

Que te dis-tu quand tu nais, qu'on t'assigne une famille donnée, un environnement et un nom ?

Que te dis-tu quand à cinquante ans, tu réalises que tout ça n'était qu'un jeu virtuel holographique, une simulation ?

Que te dis-tu quand ton idéal de vie c'est d'être toi-même et d'être libre enfin ?

Que te dis-tu quand tout ce que tu souhaites c'est être la meilleure version de toi-même, partager tes dons avec le monde et accomplir ton destin ?

## 38. Fracasse l'Illusion et Brise-la !

De nos jours, la culture n'est plus que moi, moi, moi !
Les gens cherchent gloire et statut social avec de fausses personnalités, prêts à tout pour de l'attention et passer dans les médias.
Observe, beaucoup veulent être beaux, minces et en bonne santé,
Tous cherchent la fontaine de jouvence, peu savent la posséder.

Toute l'attention se concentre à la surface, tout semble extérieurement projeté,
Et toutes ces femmes aux faux seins, aux lèvres injectées de Botox, gonflées...
La beauté prise en otage, soumise aux a priori,
L'esthétique cède à "la forme suit la function" : aucune déontologie !

Les discours se bousculent dans notre paysage culturel moderniste,
Usés les masques quotidiens, aliénée, la persona cherche un échappatoire addictif et matérialiste.
Là où la paix est sacrifiée à la nation et au patriotisme,
La pensée zen et rationnelle cède à l'esprit grégaire et au tribalisme !

Tout doit pouvoir se vendre, même la dignité, l'âme, le corps devient un mort-vivant,
Dont la clarté d'objectif, la vision intérieure et le sens commun ont disparu... faute à leurs yeux non-voyants.

Travailler jour et nuit, tout ça pour joindre les deux bouts, notre sort est ainsi,

Dans un monde divisé, ceux qu'on admire le plus sont les grands hommes, comme Martin Luther King et Gandhi.
Chassant des fantômes dans le rétroviseur, imaginant qu'un jour tu y arriveras,
Les années passées ne sont que poudre aux yeux : fracasse l'illusion et brise-la !
Fracasse l'illusion et brise-la ! Fracasse l'illusion et brise-la !

## 39. Deviens Entrepreneur

Crée ta propre économie, ton propre business, deviens entrepreneur,
Troque tes heures, tes talents et ton temps pour de l'argent... et tu vivras dans le malheur !
Tes placements devraient gonfler et, dans ton sommeil, produire des intérêts,
Ton argent durement gagné au fil du temps crée du profit que tu—pas l'oncle Sam—devrais garder.
Ce pour quoi les gens luttent vraiment c'est un état profond d'Être et de Plénitude,
Il n'est que paix, joie, amour, liberté, accomplissement...rien à voir avec la propriété ou avec l'attitude !
La plupart des entrepreneurs misent sur la formation, usent des technologies modernes,
Ils devraient plutôt étudier autant que possible la psychologie humaine.
La technologie change avec le temps ; ta sagesse t'aidera en ce moment,
L'évolution est un très lent processus ; la psychologie humaine reste la même constamment.
Tu dois devenir un Alchimiste moderne, changer le plomb en or, l'invisible en visible,
Exerce ta magie avec engagement et régularité, dévoile au monde tous les possibles.
Un jour viendra où tu trouveras ta voie ; inspiré, détendu, tu joueras,
Ton talent sera apprécié, des trésors jetés à tes pieds, on paiera.
Au-delà sont les croyances universelles, spécifiques à certaines cultures et normes,

Elles sont un grand contrat sur la réalité, où le possible s'arrête et la duperie se forme.

Tu veux voir du changement, résoudre tes problèmes — souvent ils demeurent intacts, le tribal ressurgit,

Rompre ces accords serait sortir de la mentalité de groupe, risquer le rejet, menacer ta survie !

Les croyances universelles sont tenaces, comme des formules magiques, ensorcelées,

Elles s'ancrent au fond de la psyché, comme le chien de Pavlov, ses cloches et ses sifflets.

L'un de ces sorts magiques hypnotiques est de nous séparer du bien ; conquiers-le, accomplis-le ou attire-le — et je reste aimable,

Par ce gros mensonge beaucoup perdent leur faculté d'atteindre l'abondance, de manière durable.

Un autre sort hypnotique dit qu'argent et choses sont des richesses—ce n'est pas vrai !

Les gens courent après des choses qu'il ne veulent pas vraiment ; leur vie est amère, anémiée.

Chance et synchronicité sont les aspects positifs qui pénètrent ton énergie,

Qui tu es, ce que tu fais, ce que tu as, tout s'aligne alors et entre en synergie.

La complexité et l'humanité se trouvent dans la zone grise, avec la vérité,

Si ta vision ne t'entraîne pas alors la vie te fera souffrir jusqu'à t'annihiler.

Sois perspicace et cherche : où est ton angle mort ?

Sois cent pour cent responsable de toi-même ; tout est de ta faute, sache-le encore !

L'effet que tu as sur les autres, est ton plus précieux avoir,
Si ta vision intérieure ne t'entraîne pas, sache que tes yeux ne peuvent pas voir !
Quand on aime ce que l'on fait, la vie a beaucoup plus de sens,
L'idée-même du travail disparaît, et l'on fait de belles expériences !
Le travail devient comme un défi, un jeu pour s'amuser, disons,
Poursuis sans cesse le job que tu aimes et approche-toi de cette sensation.
Passer sa journée au boulot pour y gagner son pain n'a rien de sage,
Tout ça pour vivre une vie où le plus clair de notre temps se passe au travail, réduits en esclavage.
Sors de cet esprit de salarié trimard, cinq jours par semaine au turbin, toute la journée,
Beaucoup deviennent esclaves en de telles circonstances, en mode survie, oubliant comment prospérer.
Ta force dépend du maillon de la chaîne le plus vulnérable,
Poursuivre la connaissance, investir la sagesse, là est ton gain véritable.
Dans cet espace-temps, on ne peut gérer ce qu'on ne mesure pas,
Quand tu seras près de trouver ton trésor, ainsi tu le sauras.
La communication est la clé et la magie que tu crées,
Cette solution est plus précieuse que les dollars que tu prends ou que tu fais.
Tu vends des résultats, pas ton temps ni tes compétences,
Tu dois résoudre les désirs les plus fous de tes clients, pas juste payer la redevance !
Cesse de vendre de l'information, vends de la transformation,
Les clients et les gens que tu sers, cherchent du changement et de vraies solutions.

Sache résoudre de gros problèmes ; alors c'est en toi qu'ils placeront leurs espoirs,
L'expérience bat l'autorité, savoir et ne pas faire, ce n'est pas savoir.
Facturer davantage attire les bons clients, tu construis ton clan en chemin,
Déjà ils t'aiment, te font confiance, ils veulent te suivre, pas besoin de pot-de-vin.
Un champion dans l'art de vivre, ne distingue pas bosser et jouer,
Quelle différence entre effort et détente, éducation et récréation ?
L'attention est là pour rester.
Vise un idéal d'excellence à travers tout ce que tu fais,
Va vers l'autre détendu et comblé ; Tu joues ou tu bosses ? À eux de le déterminer.

## 40. Un Monde Fictif

Nous vivons dans un monde fictif et fait de mythes, de légendes, de récits et d'histoires,
Cherchant la lumière dans le féminin ; le masculin poursuit des buts, des réussites et des gloires.
L'énergie mâle veut confirmer des solutions,
L'énergie femelle nous rapprocher par l'expression.
Nous vivons dans un système éducatif : linéaire, fragmenté, aliénant, logique… comme une horloge bien réglée,
Les gens vulnérables vivent dans les cités HLM, qui s'étendent de quartier en quartier !
Les minorités et soi-disant « parasites » parmi nous, sont marginalisés : gardés derrière les barreaux, cadenassés…

Le culte de la personnalité, imposteurs, experts, charlatans,
Tous nous conduisent à l'abysse, micro en main, quelle perte de temps.
Pensée magique ou dure réalité ?
Il ne devrait pas y avoir deux camps, science et spiritualité.
Une approche holiste est vitale…elles devraient être rapprochées,
Jetez un pont entre les deux, pour tous elles viendraient à compter.

Le job des médias, c'est d'endoctriner, d'injecter la peur—un mécanisme de contrôle : un tueur de conscience, sadique !
Peut-être as-tu vécu ta vie plus jeune, comme un thriller psychologique ?
Les médias ne sont pas l'entité, croisant infos impartiales et analyse,

Ils veulent plutôt nous contrôler et nous influencer, et ils nous tétanisent.

Le temps passé sur les écrans fera de ton âme un moribond,
Comme dit l'adage : la carotte au bout du bâton !
La prospérité financière et la grande vie qu'on veut mener,
Sont des buts qu'en coopérant nous pouvons tous réaliser.
Prends des risques, fais des erreurs, dépasse-toi, sois flexible et agile,
Désintoxique, désencombre, supprime les distractions, rends ta vie plus facile.

Les espérances sont sources de toutes les déceptions,
L'amour sans condition est la clé de la santé, de la richesse et de ta réalisation…
La complexité t'empêchera de passer à l'action ; elle résiste à la mise en pratique,
Le bazar sur ton passage parfois devient ton message, et ton message devient salvifique !
Ta personnalité reflète ta réalité personnelle,
Tu n'obtiens pas ce que tu veux, tu obtiens ce que tu es dans le réel.

Laisse l'inspiration te guider, te mouvoir, et répondre à ton appel,
Le doute de soi et l'autosabotage ont toujours un coût substantiel.
Fais place dans ta vie à l'intrigue… la magie est dans l'inopiné,
Simplifie-toi la vie—élague d'abord le complexe et le sophistiqué.
En fonction de ton âge, as-tu atteint une sorte de maturité émotionnelle ?

Ou es-tu pris au piège d'une carrière tranquille, qui couvre tes arrières et t'offre une sécurité artificielle ?
Donne-toi de l'élan, sors, passe à la pratique : même sans aucune idée,
Un truc fun et excitant que toi seul pouvait achever.
Le monde est une huître géante, laisse sa perle grandir puis tracer son chemin,
Laisse le monde découvrir tes dons...cesse de fuir tes propres lendemains...

## 41. Le Dilemme du Rappeur

Se sentir déconnecté, déglingué, dépassé par le flux de la vie...rien à faire et nulle part où presser le pas,
Suivre la foule comme une brebis vers l'abattoir—fuir la vérité comme un paria !

On m'a dit que l'automne arrivait : prison, alcool, sexe, gangs, drogues, hip-hop, rock 'n' roll...
Vivre inconscient dans le monde moderne, devenir chair à canon pour « l'humanité »,
Omnubilé par les apparences, par son look, par ce qu'on boit, par ceux qu'on fréquente : tout ce que tu veux, c'est bronzer ?

Où est le rythme cool de la vie, où est la danse, la musique, l'excitation ?
Marre de ces politiques clivantes, marre de cette vie « sous pression » !
La plupart des jeunes sont désabusés, et ne pensent qu'à s'amuser,
Finis les ondes sonores harmonieuses, les Illuminati et la géométrie sacrée.

Embrasse les flux et reflux de la vie, dans une pleine acceptation—alors tu vivras réellement,
Prendre et vouloir de plus en plus, c'est la mort—commence à donner maintenant !
Messages subliminaux, écoutes secrètes, la programmation quotidienne des médias,

Tu vis en pilote automatique—esclave du système—du berceau à la tombe...t'en penses quoi ?

Ton âme, ton corps et ton esprit, dominés par la récéssion économique, les mensonges médiatiques et l'endoctrinement culturel...
Toute résistance est futile, pense-t-on ; beaucoup cèdent et cessent le combat : vorace est l'appétit de l'intelligence artificielle.
Certaines personnes parmi nous sont des zombies programmés : c'est le retour de la Machine, doublement rechargée !

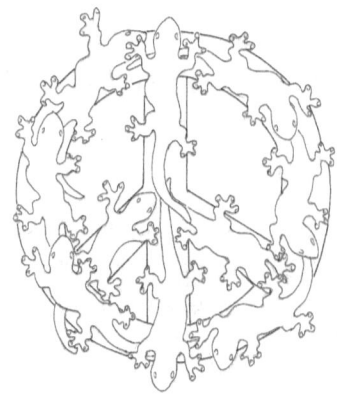

## 42. Où Soufflent les Vents Sauvages

Jadis j'allais comme en courant, toujours de passage,
Allant de l'avant où soufflent les vents sauvages.
Maintenant je prends les choses au pas, je les prends tout doucement,
Laisse la graine s'enfoncer en terre, et qu'elle y manifeste son être unique et croissant.
Que ta gratitude et ton amour-propre soient sincères, que ton vase soit plein de voyages, débordant !

L'univers est parfait, beau et magique ; l'aventure humaine n'est que désordre et chaos,
Le perfectionnisme est l'ennemi—la peur grimée en vertu—il tue : c'est un meurtre, au bas mot.
Ta croissance traversera de nombreuses phases, la seule constante dans la vie est le changement,
Ton subconscient le sabotera à coup sûr, les frustrations conduisent au recroquevillement.

Pour l'inconscient, le changement est comme une part de toi qui meurt ; tu en feras la découverte,
Il fera tout pour te ramener dans le passé, une fois que la croissance est complète.
Tu dois grandir intérieurement en tant qu'être humain—quand tu grandis—tout grandit autour de toi également,
Tu es le créateur, le bâtisseur de ta vie ; tu décides de vivre au paradis sur Terre, ou tu choisis de mener ta vie insuffisamment.

Ne lance pas toute ton énergie à la poursuite de l'argent : il se fait humble serviteur ou contremaître tyrannique,
L'argent est un concept qu'il te faut vite appréhender, ou ta vie ne sera qu'un manège tragique.
C'est un concept, une énergie à séduire et amadouer : tu dois le saisir et l'assimiler,
L'argent est semblable à un chat : il doit gagner ta confiance pour revenir et rester.

Une fois ta valeur reconnue sur le marché, frapperont à ta porte chance et opportunités,
Tu cesseras d'en vouloir plus, bientôt tes vœux seront exaucés,
Concentre-toi sur ta croissance personnelle, rends-toi précieux et indispensable,
Alors la chance te suivra partout ; et tout deviendra possible ; tu verras, c'est incroyable.

Tu dois passer du transactionnel-logique au transformationnel-magique,
Sortir et partir loin de ce qui t'es familier, t'éveillera au possible en pratique.
La valeur vient des dons que tu possèdes déjà, de ce qui te vient spontanément,
Les choses que tu aimes dans la vie, pour le monde, ont un pouvoir stupéfiant.

La vie semble être une succession d'événements arbitraires,
Mais ces épiphanies te rendront libres à leur manière.
La vie ne s'impose pas à toi, la vie advient à travers toi,

Ce sur quoi tu dois te concentrer, laisser prospérer, c'est ce qui compte pour toi.

Fais don de tes uniques talents au monde, continue, ne t'arrête pas, Tout ce que tu cherches, après tout, au final... C'est la pleine et entière version de TOI !

## 43. Cœurs en Harmonie

Il est des gens en ce monde dont les cœurs battent en harmonie dès le début, d'emblée,
Dont l'amour l'un pour l'autre est sans limite, et qui doivent être réunis, car ils ne supportent pas d'être séparés.

Il est des gens en ce monde, avec qui nos cœurs battent en harmonie,
La vie jamais n'est achevée ; jusqu'à ce qu'on se revoit et qu'elles se résolvent, les choses ne sont pas finies.

C'est l'histoire de jumelles nées à quelques minutes près ; la première fut séparée de sa sœur, en raison de sa condition,
La seconde fut placée dans une autre couveuse car elle n'affichait aucun signe de complication.
La santé de la première jumelle déclina, les infirmières étaient désemparées,
Ses signes vitaux s'effondraient, on pensait qu'elle allait succomber.
L'infirmière en chef eut cette brillante idée : unissons les jumelles, l'une ne va pas sans l'autre, leurs cœurs battent en même temps.
Quand les sœurs furent réunies, la première jumelle s'approcha de la seconde ; puis elles semblaient s'étreindre, s'enlacer mutuellement.
Après ces retrouvailles, les signes vitaux de la première jumelle revinrent à la normale et son rythme cardiaque redevint régulier :
elles ne devaient pas être séparées !

Il est des gens en ce monde, avec qui nos cœurs battent en harmonie,

La vie jamais n'est achevée ; jusqu'à ce qu'on se revoit et qu'elles se résolvent, les choses ne sont pas finies.

Un jeune marin fit ses adieux à sa mère puis reprit sa mission dans la Navy, sa permission ayant pris fin.
Le pouls de la mère suit celui de son fils dans son ventre, c'est le pouvoir, la magie de l'amour, un lien mutuel qui ne fait plus qu'un.
Une horreur arriva : un kamikaze, avec un bateau et quelques hommes, se fit exploser,
Le cœur de la mère l'alerta, par quelques saccades ; elle le sut au fond d'elle : au large du Yémen, une chose terrible venait d'arriver.
C'est le pouvoir de l'amour, le lien entre une mère et son fils, dont les cœurs battent encore à l'unisson.

Il est des gens en ce monde, avec qui nos cœurs battent en harmonie,
La vie jamais n'est achevée ; jusqu'à ce qu'on se revoit et qu'elles se résolvent, les choses ne sont pas finies.

Il était passé dans un plan différent, paisible, où ce monde tridimensionnel est sans réalité,
Dans son cœur elle savait : ses jours étaient comptés ; son fils était sa raison d'être, c'est lui qui lui manquait.

Il est des gens en ce monde dont les cœurs battent en harmonie dès le début, d'emblée,
Dont l'amour l'un pour l'autre est sans limite, et qui doivent être réunis, car ils ne supportent pas d'être séparés.

## 44. Le Langage du Cœur

Dépasser le bon et le mauvais, le temps et l'espace, le bien et le mal... rencontrons-nous ici,
Un lieu de beauté, de sérendipité, de paix, de magie : là où douce est la vie.
Là où l'amour est roi, le cœur est grand ouvert : il fait taire toute détresse,
La vie coule de source, sans effort et sans heurt...pas besoin de changer de vitesse.

Enveloppe-toi de tes rêves et de tous tes désirs,
Sans jugement ni égo, laisse ton âme éclater, feu et tonnerre doivent en jaillir.
Et que ton rêve futur devienne instant présent—un vœu déjà exaucé,
Imagine savoir ton vœu accompli, venant de l'endroit où il s'est déjà réalisé...

Tout est possible dans le monde quantique, ainsi les fréquences se tiennent,
Le langage physique des formes et des matières réagira sans doute, adopte une langue qu'il comprenne.
Fais-le dès le départ, avant de partir pour ce voyage fait de rêves et d'ardeur,
Le seul langage qui compte te vient des profondeurs : c'est le langage du cœur !

## 45. L'Expérience

À quoi bon porter tant de masques différents ?
C'est par ce masque que l'on me voit ; seul, est-ce un autre que je porte ?
Le masque avec lequel j'aime être vu—celui-là sonne tellement creux parfois,
Toute cette parole, ces manières...faux rêves et faux espoirs...
Pourquoi se consume mon âme ; veut-elle des larmes pour éteindre sa flamme ?
J'ai bâti des murs autour de moi, ne sont-ils pas assez hauts ?
Aurais-je dû édifier une porte de sortie ?
La vie est-elle si compliquée, ou est-ce de ma faute ?
Combien de temps me reste-t-il dans cet espace physique ?
Comment me lier avec malice à l'infini champ des rêves ?
L'enfant en moi est-il heureux, ou veut-il s'enfuir loin de moi ?
Pourquoi ne puis-je entendre le sage me chuchoter à l'oreille intérieure ?
Enfant, m'a-t-on menti ?
La vie est-elle conforme à ce qu'on m'en a dit ?
Pourquoi suis-je comme piégé dans une vallée de rocs, que je pousse le long d'une montagne ?
Où est la mélodie des oiseaux qui chantent ?
Où est la danse des insectes qui twerkent ?
Je viens de m'éveiller d'un rêve, profond et relaxant...

## 46. Chemin de Vie

Comment vas-tu frère voyageur, sur le chemin de la vie,
La vie se tranche de mille manières, et toi tu blâmes les bistouris.
Ce chemin peut se montrer traître, plein de défis et de heurts,
Parfois les choses vont dans ton sens, tout doucement; parfois tu dois cacher ton jeu et dénoncer les bluffeurs.
Tout crépuscule ici ailleurs est une aube—et tout saint un pécheur,
Toute pièce a deux faces…dans tous les cas, tu es vainqueur !
Une chose est sûre, c'est la suivante : la vie n'est pas que matérielle,
Souviens-toi, tu n'emporteras rien avec toi quand la lumière en toi sera frêle.
Ne cède pas tes pouvoirs à un quidam en blouse blanche,
Ou le canot de ta vie bientôt ne sera plus étanche.
Tu es aussi fort que tes chaînes les plus lâches,
Ta manière de jouer le jeu détermine si tu coules ou tu nages.
La sagesse ancestrale, entendre la vérité de la bouche des sages,
Connaître, comprendre et faire l'expérience de la vie Maintenant…
qu'importe la destination, gravir peu à peu les étages.
Les mots ont parfois la douceur du miel, ou sont amers à faire pleurer,
Ils nous emmènent au septième ciel, ce même avant de trépasser.
L'inconscient est ton ordinateur central, sa puissance sans aucune mesure,
En lui réside tout ce que tu veux et désires ; en lui se trouvent tous les trésors obscurs.
Par phases il monte et descend, il fonctionne par vagues d'énergie,
Souvent il entre en transe : abasourdi, hypnotisé… il se comporte ainsi.

Conscient de ton potentiel, assume tes fautes et tes responsabilités,
Ou bien l'hypnose de la culture, l'environnement, l'éducation,
prendront le relais,
La vie n'a qu'un seul objectif : réaliser le potentiel de la semence,
Tu exprimes l'une de ces qualités, c'est une évidence !
Tout le monde se bat pour ses idées, qui demandent temps, pratique et patience !
Réalise-le tôt dans ta vie, ou tu manqueras une bonne tranche d'existence.
S'inquiéter c'est prier pour ce qu'on ne veut pas—imaginer le pire des scénarios,
Chaos et distraction alors s'insinueront et feront de ta vie un dangereux rodéo.
Vis ta vie comme si tes prières étaient déjà exaucées,
Ta destination actuelle n'est pas ta destination finale : le vol est annulé !
La suppression des émotions mène à la dépression, un manque d'expression,
Tu n'es pas limité par tes moyens, mais par ton ingéniosité et une confession.
Même les parties de ton âme que tu crois les plus abimées,
Contiennent l'éternité et la divinité, et de l'or le royal reflet.
Reste en mouvement, avance et grandis... deviens solide comme l'acier,
Nul ne peut guérir ce qu'il dissimule et ne révèle jamais !
Ne cache pas les traumas qui ont sculpté ta vie,
Les mots qui nous abattent, aussi causent bien des conflits.
Quelque chose en toi est fait pour plus que ça,
C'est la lumière intérieure, là tout au fond de toi.

Épreuves, négligence, abandon... la douleur mentale et physique, le chagrin,
Les regrets, le temps perdu—t'ont modelé et fait de toi celui que tu es devenu : tout ça pour rien ?

## 47. Nés Dans Ce Monde

Nés dans ce monde nus et apeurés, le cordon ombilical par une lame tranché,
Soudain, le rôle de maman change : de femme de ménage à femme au foyer.

Venus d'un monde d'amour et de lumière pure, nous sommes tous nés mignons comme des bébés colombes,
Transférés dans ce monde, des cieux qui nous surplombent.

Nés dans un monde de dualité, d'inégalité—de superficialité,
Tôt privés de nos pouvoirs par la société...le seul choix pour beaucoup est la médiocrité.

Venus d'un monde émanant de la Source, de l'Ineffable—étincelle du Divin,
Bientôt nous apprenons à séparer, comparer, diviser...tel est tien, tel est mien.

Nés dans un monde empressé de dormir dans son lit douillet,
On tourne en rond toute la journée comme des poulets sans têtes ; énergie vitale sacrifiée.

Nés dans un monde aux mille questions : où, quoi, quand, pourquoi, comment ?
Tu es curieux et assidu, je sais... pour trouver des réponses, il n'y a qu'une chose à faire : regarder Au-Dedans !

## 48. Ça Vient du Cœur

Parfois ça prend toute la journée,
pour écrire un poème ou une pièce inspirés,
Peu importe, ça vient du cœur.

Parfois on te dit de te concentrer sur tes études,
Et de supporter tout un tas de conneries absurdes,
Peu importe, ça ne vient que du cœur.

Parfois tu ne dors pas de la nuit,
Le nouveau-né pleure : jusqu'au lever du jour il doit être nourri,
Peu importe, ça vient du cœur.

Parfois tu joues d'un instrument et t'exerces jour et nuit,
À force de dur labeur, tes doigts sont engourdis,
Peu importe, ça vient du cœur.

Parfois tu dois souffrir tellement d'ivrognes, de putains, de dealers, de violence et de crime,
La vie ne semble alors que crasse et latrine,
Peu importe, ça vient du cœur.

Parfois la Vie t'apparaît si furieusement pressée,
Tu chéris tes souvenirs et demandes : « Combien de temps encore cela va-t-il durer ? »
Peu importe : la Vie vient du cœur.......

## 49. Les Tambours de la Révolution

Les tambours de la guerre sonnent creux, mais heurtent mes tympans,
Des millions d'enfants dans le monde meurent de faim, glanant les restants.
Les infos aujourd'hui en 2018 ne sont que désespoir et crises tragiques,
Déferlent à l'écran les désastres, la guerre, le terrorisme et les groupes comme l'État Islamique.

Les empires peuvent s'effriter, et de l'intérieur s'effondrer,
Pain et jeux, narcissisme, sociopathie : avant de se suicider.
L'innocence sacrifiée, la nature dévastée, les marchands de peur et l'avidité,
Les Quatre Cavaliers de l'Apocalypse qui descendent du Ciel, c'est vrai.

Les bombes nucléaires ne font pas de prisonniers de guerre,
C'est la manière la moins diplomatique et la plus inhumaine de régler ses affaires.
Les décisions importantes laissées entre les mains d'incompétentes vedettes de téléréalité,
Sommes-nous tous devenus fous pour que cette immense farce ne soit guère démasquée?

Je sais que la vie paraît compliquée et injuste,
Où sont passées les personnes douées de compassion, et qui s'en fiche, au juste ?

Ne laisse pas les médias, les politiques et le gouvernement te dire :
tu es impuissant,
S'organiser, la résistance passive, la révolution... C'est le moment !

## 50. La Muse

Je suis triste et seul, et me languis de toi; moi et ma guitare seulement,
J'ai hâte de te revoir, ta présence est si proche….tu es partie si loin pourtant.
Je ferme les yeux, et j'imagine ton visage en permanence,
Il reflète un kaléidoscope, de beauté, de grâce et d'élégance.
J'ai été fou de crier ton nom—car sans ma Muse, plus rien ne fonctionne vraiment,
La vie devient pénible et morne, autour de mon cou comme un nœud coulant.
Je comptais laisser tomber, abandonner toute créativité.
Puis tu es arrivée, et l'on s'est remis à danser, dîner et boire des vins sophistiqués.
Puis elle est apparu, comme une prise de conscience : une épiphanie,
Je devais accomplir mon destin ; J'étais sur mon propre chemin infini.
La beauté est un état modifié de conscience, un extraordinaire moment de poésie et de grâce,
Qui se fend et la lumière, la vérité, le traverse ; celle qu'on accepte et embrasse.
La beauté peut nous chasser de nos conditionnements, indiquer un au-delà du quotidien et de l'ordinaire,
La beauté émancipe, oriente vers le monde du sacré ; réveille des impulsions extraordinaires.
Au travers des années de jugement et de tribulations—des opinions d'autrui et de ses préjugés,
Nous sommes sans cesse à l'état de flux—en devenir—nous sommes inachevés…

## 51. Dis-moi, Je Veux Être Heureux

La parole crée des mondes... C'est vrai, dis-moi ?
La plume est-elle plus forte que l'épée, dis-moi ?
La vue, le toucher, l'odorat, l'ouïe et le goût sont-ils la seule réalité, dis-moi ?
La beauté existe-t-elle ou n'est-elle qu'atomes trottant dans nos esprits, dis-moi ?
Enfant, est-ce qu'on t'a dit la vérité, dis-moi ?
Ce qu'on ressent maintenant, est-ce la seule chose à ressentir, dis-moi ?
Dans un monde de dualité, l'unité est-elle oubliée, dis-moi ?
Crées-tu en toi un espace de prestige et de grâce, dis-moi ?
Plonges-tu tout au fond des abysses de l'âme, dis-moi ?
Plonges-tu dans les fissures, erres-tu dans les crevasses, dis-moi ?
Est-elle profonde, ta connaissance de l'antique et docte tradition, dis-moi ?
Est-elle profonde, l'eau apportant ce message, dis-moi ?
Sont-ils hauts, les monts splendides qui s'élèvent au-dessus des nuages, dis-moi ?
Est-il haut, cet autel où tu sacrifies aux dieux, dis-moi ?
Je veux être heureux, sans aucune raison
Je veux être heureux, à chaque saison
Je veux être heureux, sous la lumière du soleil brûlant
Je veux être heureux, même quand joie, rires ou jeu sont absents
Je veux être heureux, que mon voyage commence ou qu'il soit terminé
Je veux être heureux, de voir la lumière des étoiles scintiller

Je veux être heureux, partout où mon âme souhaitera s'asseoir
Je veux être heureux, mes yeux sont fermés, pourtant je peux voir
Je veux être heureux, là où la nature est libre et sauvage
Je veux être heureux, là où ton reflet est à mon image
Je veux être heureux, quand je suis joueur et plein de joie
Je veux être heureux, alors que j'enlace un grand séquoia
Je veux être heureux, quand je me détends avec une tasse de thé
Je veux être heureux, voyager jusqu'au bout de la Voie Lactée...

## 52. Je me demande

Je me demande combien de temps un papillon vole avant de se poser ?
Je me demande comment les aigles trouvent leurs femelles, et les invitent à nicher ?
Je me demande comment les saumons nagent à contre-courant, avec autant d'ardeur ?
Je me demande comment ils pondent, donnent vie à leurs petits puis meurent ?
Je me demande combien de temps bébé doit avoir faim avant de fondre en pleurs ?
Je me demande combien de temps nage la tortue, avant d'atteindre le rivage lentement ?
Je me demande comment elle pond ses œufs, les couve et à nouveau disparaît dans l'océan ?
Je me demande pourquoi certains travaillent des heures et justifient les moyens par la fin ?
Je me demande comment le bambou dans la tempête se courbe et plie si bien ?
Je me demande comment les pingouins vivent dans ces régions du bout du monde, reculées, froides, où il n'y a rien ?...

## 53. Histoire d'Amour

Je veux répandre l'amour en ce monde, sous toutes ses manifestations,
Je veux stopper l'épidémie de douleur et de souffrance, dans toutes ses infestations.
Je veux être amoureux et répandre cet amour—un aller-retour pour la lune,
Je veux répandre la bonne parole en ce monde, cet amour est abondant : et sans lacune !
Je veux être ton premier amour et recevoir ton premier baiser,
Avec toi la vie est bien meilleure, une perpétuelle félicité...
Une belle vie, une ronde de grâce et d'endurance,
T'invite doucement à la rejoindre et à entrer dans la danse.
Tu n'as pas peur du nouvel amour que tu as rencontré
Tu as peur de la douleur que tu as jadis éprouvée !
Tu dois leur montrer qui est la reine—qui est le roi ?
Alors ils s'ouvriront et, tel un canari, chanteront pour toi.
En l'absence de communication, les fleurs se mettent à faner...
L'amour partagé dépérit, il ne voudra pas s'attarder.
Je me réveille au point du jour levant
Pour nager dans la lumière du soleil brillant
Laisse le soleil te réchauffer
Et le vent te sécher la peau
Laisse l'océan profond ainsi te nettoyer
Pour que tu puisses dormir et poser tes joyaux.
Laisse la poésie être le dessert de l'âme,

La créativité en elle-même, c'est là qu'est ta flamme,
Tu dois grandir à l'intérieur en tant qu'être humain,
Quand tu grandis, tout autour de toi enfle et va grandissant,
Tu es le créateur, le concepteur, le bâtisseur de ta vie—alors vis bien et vois grand !

## 54. De Grâce, Fais Taire Toutes les Guerres ?

Les enfants de migrants séparés de leurs mères et emprisonnés,
Ces gens qui fuient le crime, le chômage et ces salaires minables qui ne peuvent les sustenter.
Ce pays traite les demandeurs d'asile comme des agneaux immolés,
Les jeunes enfants séparés de leurs parents, en camp de concentration seront expédiés.
Beaucoup de chemins escarpés, dans l'espoir de l'immigration,
Mais comme des récidivistes ils passeront des années placés en détention.
Votre serviteur, lui-même immigré endurci, jusqu'à la moelle,
N'a jamais eu d'endroit où s'installer et planter ses racines vitales.
Des millions de personnes dans le monde vivent comme réfugiés,
Aucun soutien et nulle part où aller—ils bourdonnent et papillonnent comme des abeilles paumées.
Considérer des êtres humains comme différents est une dangereuse option,
Négligeables, traités comme des déchets, maltraités, ils servent de chair à canon.
Plonge au tréfonds de toi-même, connecte-toi à ta Source
Comprend que tu ne fais qu'un avec la Conscience de vie, de grâce fais taire toutes les guerres ?

## 55. Spirituel

On donne sa force à ce qu'on aime—on renforce ses peurs !
Ce à quoi l'on donne sa force, on l'attire dans sa vie...comme l'abeille attirée par une fleur.
Marche dans la lumière et la vérité, chasse l'anxiété,
Et disparaîtront peu à peu tout obstacle et difficulté.
Oublie le passé, et tu te sentiras plus léger,
Comme un papillon en plein vol ; fascinant, coloré.
Que ta vie soit comme un palais des glaces,
Un kaléidoscope d'intérieurs pastel, un palace.
Sois présent, reconnaissant, aimant, généreux et gentil...
Que ton cœur déborde d'amour, alors tu vivras ainsi.
Une légèreté, une allégresse, une humilité vraiment douce,
Ouvre les yeux : tous les jugements se révèlent être jugement de soi, tous !
Traite tes enfants avec respect, sagesse et circonspection,
Ou les traumas et la maltraitance seront transmis à la nouvelle génération.
L'enfant est comme une caméra, il enregistre tout ce qu'il voit,
Il comprend comme il ressent—c'est ainsi qu'on apprend à devenir soi.
Le plus clair de nos vies est gouverné par des énergies invisibles qu'on ne voit pas,
Une énergie qui opère sous les radars, indétectable par les sens—crois-moi !
Quand tu prends conscience que la plume est plus forte que l'épée,
Il n'est pas de plus grande force que celle d'un serment respecté !

Comprends-le et tu créeras des puissances et richesses irréelles,
La force est une forme ancrée dans ce monde matériel et tridimensionnel.
Tu étudies le passé pour être plus tard à l'abri,
Tu sauras que tout est Éternel Maintenant, quand tu auras mûri !
Il existe des attracteurs, champs morphiques invisibles mais bien réels et puissants,
Ils opèrent à l'autre bout du spectre ; c'est ainsi qu'on les ressent.
Le trésor mondain que tu désires, gît dans les recoins sombres de ton inconscient : tu n'oses pas entrer,
Ce que tu n'aimes pas chez les autres, c'est ce que tu n'as pas admis ni compris dans ton intimité.
Ton passif et les histoires que tu te racontes ne sont que fictions imaginaires,
Ce récit peut te faire jouer les victimes, ou rendre ta vie extraordinaire !
Dans cette vie tu devras traverser bien des défis, tuer des démons obscurs, affronter et conquérir tes peurs les plus enfouies,
Après tout, ta raison d'être n'appartient qu'à toi ; sans ça, tu ne serais pas ici !
Les mots d'encouragement créent une alchimie magique dans l'inconscient caverneux,
Tu seras éjecté de la boucle, de ce cercle qui peut être vicieux.
Laisse-la sortir et prospérer et ta vie sera sauvée, pour sûr,
Plus tu la brimes et l'empêches de s'exprimer, plus tôt elle te mènera dans la triste sépulture.
Tu es dans cette énergie, cette énergie et toi ne font qu'un,
Entre en contact avec elle, laisse-la te montrer le chemin.

Débarrasse-toi de ton passif, laisse tes racines s'enfoncer dans la terre,
Sois sans ressentiment envers ton passé, et sous le tapis tu n'auras pas à cacher la poussière.
Résister à la vie est futile, et crée toutes sortes de problèmes psychiques bien réels,
Tu paieras tes jugements et ton attachement aux concepts, aux idées et objets, par d'immenses taxes émotionelles.
Depuis ta plus tendre enfance, ton inconscient est programmé pour chercher le plaisir et fuir la douleur,
Le deuil des causes de ta souffrance bientôt s'évanouira, pour faire place à ta future valeur !
Tu es le seul qui puisse avoir cette vision dans l'œil de ton esprit,
Cette vision doit s'enraciner dans le sol, avant ta mort éclore et porter ses fruits.
Dépression et chagrin sont le moyen pour ton âme de t'avertir que ton esprit est bloqué par un vieil événement,
Qu'il régurgite encore et encore, souhaitant qu'il soit différent !
Dans la vie, chaque mouvement et décision conduit à une nouvelle aventure, une nouvelle direction,
Si tu ne fais pas attention, tu te perdras et vivras ta vie comme une projection.
Ne commet pas l'erreur fatale de l'addiction, de l'automédication,
Tu te mettrais à halluciner, alors il n'y aurait plus de solution.
Ne te contente pas de laver ton corps : réseaux sociaux ? Fais une détox,
Éloigne ton telephone—évite la malbouffe—fuis les chaînes info… range ta Xbox !

Une faible estime de soi déguisée en confiance, cachée en pleine lumière,
Prétendre être plus saint que tu ne l'es, jouer les gros bras, pour quoi faire ?
C'est dur pour toi d'aimer ta vie, d'être heureux, de rire et de jouer,
Quand au fond de toi te ronge l'impression que ce n'est pas assez !
Tous les trésors et les opportunités s'ouvrent à toi, pourtant quelque chose te retient sans arrêt,
Si tu ne t'es pas posé les grandes questions, si tu n'es pas devenu la meilleure version de toi-même : la vie te donnera la fessée.
Dans la réalité de cet espace-temps, on ne peut gérer ce qu'on ne mesure pas,
À la recherche de ton trésor, mesure et tu sauras quand celui-ci s'approchera.
Ce que tu banalises se manifestera et se réalisera plus facilement,
Ce que tu veux ou désires, et que tu ignores, par ton manque de conscience, se matérialisera plus difficilement !
Cette même conscience dont tu te sers, ne peut résoudre les problèmes sous-jacents,
Comme un poisson dans l'eau qui ne connaît rien d'autre, toujours entouré d'eau et plongé dedans !
Tu ne peux pas être ton propre psychologue, mentor ou guérisseur, car tu vis entouré de ta propre eau,
Les autres voient facilement tes faiblesses et tes failles, t'orientent vers les bons protocoles, te mettent sur une voie qui fait sens, un chemin nouveau.
Un coach te poussera doucement, à poser un acte de foi,
Dissous ta procrastination, cette habitude d'attendre là !

Observe et tu verras les gens agir comme les personnages d'un mauvais dessin animé,
Ils marchent comme les zombies dans les films, sans vision ni direction, des êtres sans-gêne et grossiers.
La dépression conduit au désespoir, pose un immense obstacle sur la route de la destinée,
La vie devient morose ; anxieux, tu marches sur des œufs : comme un couteau bien aiguisé.
Une personne hautement consciente obtiendra richesse et succès stables,
La basse conscience fait perdre aux gens le peu qu'ils ont, rien n'est durable.
Les personnes à haute conscience se concentrent sur la croissance et la contribution,
Les personnes à basse conscience dissipent leur énergie en jalousie et en condamnations.
Le sens de la vie n'est pas d'être riche, populaire, célèbre, cultivé ou de viser la perfection,
C'es d'être authentiques, humbles, prêts à partager nos dons... toucher, bouger, être pour l'homme source d'inspiration !
Vise le standing et la richesse malsaine, et cette énergie fuira loin de toi,
Deviens et incarnes ce dont tu rêves—alors tout le monde te courtisera !
Sois l'auteur de ta propre aventure et de l'histoire de ton destin,
Mène dès maintenant une longue vie, bien remplie et réussie, plus tard tu ne regretteras rien !
Ta force dépend du maillon de la chaîne le plus vulnérable,

Poursuivre la connaissance, investir la sagesse, là est ton gain véritable.
Tu es relié à ton cœur, et vers ta raison d'être voué à progresser,
Ce ne sont pas les limites de ton corps, mais l'étendue de ton âme qui fait de toi ce que tu es,
Ton état d'esprit ne décrit pas ta réalité—il la crée,
C'est l'énergie où s'unissent toutes les complexités, là où elles peuvent se rencontrer.
L'énergie massive de la nature, contenue et présente dans chacune de ses parties,
Ensemble, elles forment une harmonie : la belle nature, la musique et les arts aussi.
La plupart des gens veulent rentrer dans le moule, où l'amour est transactionnel, pas transformationnel,
La vérité sur qui tu es, pas celui que tu penses devoir être, c'est personnel !
Que ton esprit s'immerge dans la croissance, comme un débutant ; engage-toi dans l'apprentissage et laisse-toi absorber,
Laisse le monde comme il est actuellement, laisse-le tourner et évoluer.
La verité est constante, elle ne doit pas être une cible mobile,
Le commerce est l'idole moderne, sa morale est mercantile !
Tes espoirs et tes rêves sont fragiles, comme un pissenlit disloqué par le vent,
Qui sait jusqu'où ils peuvent voler et éclore, garde-les cachés dans ton esprit pour l'instant !
L'empathie bien comprise est le contraire de l'Utopie,
Si tu ne piges pas ça, tu vivras en pleine Dystopie.

La prolifération de nombreuses organisations rigides causant des troubles sociaux, voilà le danger !
Faire la même chose encore et encore, en espérant un résultat différent : c'est la définition de l'absurdité !
Quand tu vois la nature comme une étrangère à conquérir ou dominer,
De nombreuses espèces se meurent, leur habitat disparaît, elles n'ont nulle part où aller.
L'homme a causé le changement climatique, la déforestation, il a ravagé l'environnement,
Les puissants et les opportunistes sortent de l'ombre, et s'emparent du gouvernement.
L'Ouest a pour l'action une obsession extrême, les gens vous disent toujours : « Tu fais quoi ? »
L'Est salue les mains jointes près du cœur, « Namaste » : la lumière en moi est aussi en toi !
Conduire une personne en souffrance sur la route du paradis,
Pour qui veux-tu être un héros dans l'histoire de ta vie ?
Debout ! Réveille ton énergie et mets ton corps en mouvement,
Dance et flotte comme une vague, au bleu milieu de l'océan.
Que l'esprit te guide vers la nature, vers la conscience subtile des diverses dimensions,
Puisses-tu être porté vers des contrées reculées et de lointaines constellations.
J'aimerais avoir des ailes, d'immenses ailes, pour monter plus haut, plus près de là où volent les aigles,
Comme le jour devient la nuit, cela ne dure qu'un battement d'aile…

## 56. Hommage à l'Abeille

Nous connaissons des temps fastes, pays de lait et de miel abondants,
Au lieu d'apprécier l'utopie, les gens poursuivent le fantôme de l'argent.
Stressés, ils bourdonnent tels des abeilles toute la journée,
Pourtant, sans les abeilles, l'économie, à genoux, s'inclinerait.

La nature est une harmonie, où tous les êtres sont solidaires,
C'est un bel ordre silencieux, un équilibre...comme si tout était né de Gaïa—la mère.
La réponse à toute chose, la vraie solution et la clé,
C'est cette costaude petite chose—l'abeille douce et surmenée...

Lors de ton prochain repas, souviens-toi qui a pollinisé les arbres et les végétaux,
Sois conscient et rappelle aux autres toute la pollution qu'ils jettent dans l'environnement : trop c'est trop !

## 57. Tout Dépend de Toi !

Que ton âme dans l'amour soit ancrée,
Que la compassion soit ton but premier.

La créatrice, l'artiste peut voir sans le secours de ses cinq sens,
Elle dessine, peint, joue la comédie, chante, fait de la musique et danse.

Ne laisse pas le désespoir te paralyser vainement,
Ce n'est pas ta faute, celle du cerveau gauche uniquement.

Tu es le fruit de millions d'années d'essais et d'erreurs de l'évolution, ce laboratoire naturel,
En toi est un pouvoir, trop souvent au repos, qui peut écrire ton histoire personnelle.

La vie a des hauts et des bas, mais parfois semble plafonner,
Comme quand le cœur cesse de battre, que l'homme n'écoute que sa pensée ?

Mue et délaisse ta vieille peau, l'ancien, le désordre—tout ce qui fonctionne mal,
Une attitude de gratitude aide beaucoup, à la guérison émotionnelle, physique et mentale...

## 58. Si Beaux

C'est un jour nouveau, le soleil s'est levé
Nous sommes bien reposés, prêts pour la randonnée
L'univers sourit quand les enfants jouent
L'abondance triomphe et le bonheur règne !
Les gens se lient, l'amour jaillit, la source est Une...
Si beaux les rayons du soleil, lueur d'or qui réchauffe la peau.
Les oiseaux chantent et les écureuils se balancent dans les arbres,
Si belle la nature dans sa gloire, c'est une longue histoire.
Si beau le pleur du nouveau-né.
La tendresse du baiser d'une mère.
L'âme collective qui appartient à tous, la nature fractale,
holographique de toute chose...

## 59. La Flèche de Cupidon

Je te vois dans l'œil de mon esprit, je te vois à travers la brume
Je te vois à travers l'éclair, le tonnerre et la pluie
Je te vois à travers le blizzard, le déluge et l'ouragan
Est-ce l'amour, la luxure ou la passion qui nous a réunis ?

La douceur de tes cheveux, de ta peau, de tes lèvres, la beauté
et l'élégance, c'est tout ce qui compte,
Danse dans le vent, et enlace les nuages
Roule-toi dans les sables de l'océan, balance-toi à la lune…
J'aime ton accent, tes habits, ton sourire, ton style,
J'aime quand tu me chuchotes des mots doux à l'oreille, et
qu'on rit…

Nos regards se croisent, Cupidon décoche sa flèche
Laissons nos lèvres faire tout le travail, profitons de l'instant présent
L'univers ondoie comme les vagues de l'océan, restons dans ce
constant mouvement rythmique…
La flèche de Cupidon atteint sa cible—et l'on ne fait plus qu'Un !

## 60. Indiscrétions

Dis-moi comment ton cœur en mille morceaux fut brisé ?
Enfant, as-tu été abandonné, de maints endroits rejeté ?
T'a-t-on déjà dit ce qu'était la vraie paix ?
A-t-elle visé la cible, la flèche de Cupidon, mais l'a souvent manquée ?
T'ont-elles blessé, les brutes, avec leurs insultes et leurs grossièretés ?
Étais-tu malheureux sur la route de l'école, dans ces bus dorés ?
Ont-ils connu, les tiens, des hauts des bas et des calamités ?
T'a-t-il montré, le croquemitaine, cette nuit-là, ce que dégoûtant signifiait ?
Des histoires de Moïse dans l'Ancien Testament, les catéchistes t'ont-ils gavé ?
Ton père se plaignait-il sans cesse de son job et de ses difficultés ?
Es-tu conscient, maintenant, de ton but et de ta raison d'exister ?
As-tu compris ta vision, ta mission et ta destinée ?

www.ingramcontent.com/pod-product-compliance
Lightning Source LLC
Chambersburg PA
CBHW020931180426

43192CB00035B/462